四川省高等学校
档案工作"十三五"发展规划汇编

SichuanSheng Gaodeng Xuexiao
Dangan Gongzuo Shisanwu Fazhan
Guihua Huibian

党跃武 主编

四川大学出版社

责任编辑:李勇军
责任校对:孙滨蓉
封面设计:米迦设计工作室
责任印制:王　炜

图书在版编目(CIP)数据

四川省高等学校档案工作"十三五"发展规划汇编 / 党
跃武主编. —成都:四川大学出版社,2016.9
　ISBN 978-7-5614-9923-8

　Ⅰ.①四… Ⅱ.①党… Ⅲ.①高等学校-档案管理-
规划-汇编-四川-2016—2020 Ⅳ.①G647.24

中国版本图书馆 CIP 数据核字（2016）第 230049 号

书名　　四川省高等学校档案工作"十三五"发展规划汇编

主　　编	党跃武
出　　版	四川大学出版社
地　　址	成都市一环路南一段 24 号 (610065)
发　　行	四川大学出版社
书　　号	ISBN 978-7-5614-9923-8
印　　刷	郫县犀浦印刷厂
成品尺寸	170 mm×240 mm
印　　张	11.25
字　　数	203 千字
版　　次	2016 年 9 月第 1 版
印　　次	2016 年 9 月第 1 次印刷
定　　价	35.60 元

◆读者邮购本书,请与本社发行科联系。
电话:(028)85408408/(028)85401670/
(028)85408023　邮政编码:610065
◆本社图书如有印装质量问题,请
寄回出版社调换。
◆网址:http://www.scupress.net

目　录

四川大学档案管理和校史工作
"十三五"发展规划

为全面推动"十三五"期间四川大学档案管理和校史工作科学发展，根据《全国档案事业发展"十三五"规划纲要》《四川省档案事业发展"十三五"规划纲要》《四川大学"十三五"发展规划》，结合学校档案管理和校史工作实际，特制定本发展规划。

一、发展现状

（一）基本情况

四川大学档案馆（校史办公室）是对全校档案管理和校史工作进行组织、协调和管理的职能部门，为广大师生和社会提供档案信息服务的业务部门，学校开展校史研究、展览和教育的专门机构，下设综合科、普通档案科、学生档案科、研究开发科。四川大学档案馆是由 1987 年成立的原四川大学档案馆、1991 年成立的原成都科技大学综合档案室和 1986 年成立的原华西医科大学档案馆合并而成。四川大学校史办公室成立于 1984 年，曾名四川大学党史校史工作领导小组办公室。四川大学档案馆（校史办公室）现有档案馆和校史展览馆两栋大楼。学校档案管理工作 1998 年达到国家档案局档案管理国家一级标准，2008 年被中共中央组织部授予干部人事档案工作目标管理一级单位，2014 年被四川省档案局和教育厅授予四川省档案工作规范化管理一级单位。四川大学档案馆（校史办公室）现为中国高等教育学会档案工作分会副理事长单位、中国高等教育学会校史分会副理事长单位、四川省高等学校档案工作协会理事长单位、四川省文献影像技术协会副理事长单位。

"十二五"期间，四川大学档案管理和校史工作荣获教育高校校园文化建设优秀成果特等奖、四川省高校校园文化建设优秀成果一等奖、四川省社会科学优秀成果二等奖、四川省社会科学优秀成果三等奖、四川省优秀档案编研成果二等奖、四川省高校档案工作先进集体、四川省高等学校优秀共产党员、四川省档案工作先进个人、四川省档案法制宣传教育先进个人、四川大学先进基层党组织、四川大学先进集体、四川大学优秀教学成果一等奖、四川大学社会治安综合治理、安全生产和消防安全工作先进集体、四川大学保密工作先进集体、四川大学信息公开先进单位、四川大学优秀基层工会等荣誉称号。2013年至2015年，档案馆（校史办公室）是学校连续三年获得四川大学机关作风建设"流动红旗"的唯一单位。

四川大学档案馆馆藏文献资料丰富，内容覆盖面广，时间跨度长。截至2015年年底，四川大学档案馆馆藏档案22个全宗，共计27万卷，案卷排架长度5600米。其馆藏档案连续完整地记载了四川大学（含原四川大学、原成都科技大学、原华西医科大学）从1896年建立至今发展、联合、壮大的历程，涉及四川近现代高等教育、文化医疗、科技产业、对外交流等方面的内容，其中不乏珍贵收藏。尤其是馆藏的历史档案1万卷，是研究近代中国西南地区的文化教育史、宗教史以及中西文化交流史等的宝贵资料。馆藏各时期的重要材料主要有：1896年四川中西学堂、1910年华西协合大学和1954年成都工学院创办资料；无产阶级教育家吴玉章、人民教育家张澜在校任职期间的材料；共和国元帅朱德、文坛巨匠郭沫若、人民作家巴金、"中华儿女革命的典型"江竹筠、"两弹一星"元勋王方定等优秀学子在校求学档案；邓小平同志亲笔为学校题写校名原件；美国前总统乔治·布什等国际政要来校演讲的材料；华西坝古建筑档案；原四川大学、原成都科技大学和原华西医科大学两次合并的材料等。

四川大学校史展览馆是目前全国高校建筑面积最大的校史展览馆，现有四个主题展厅、八个专题展厅、一个多功能厅和一个开放式展厅。全馆现开设有大型主题展览《世纪弦歌，百年传响：四川大学校史展》和各类专题展览。校史展览馆作为学校开展大学生文化素质教育和爱国爱校教育的重要基地，已建设成为四川大学文化素质教育基地、四川大学教学实践基地、四川大学附属实验小学综合实践活动基地、武侯区爱国主义教育基地。2013年，四川大学档案馆（校史办公室）申报的"大学精神与大学文化教育社科普及基地"被中共四川省委宣传部和四川省社会科学界联合会授予四川省哲学社会科学普及基地称号。

（二）主要成绩

"十二五"期间，四川大学认真学习和全面贯彻中共中央办公厅、国务院办公厅《关于加强和改进新形势下档案工作的意见》，积极宣传和严格执行《中华人民共和国档案法》《高等学校档案管理办法》《四川省〈高等学校档案管理办法〉实施细则》和《四川大学档案管理办法》等档案政策法规，紧紧围绕学校中心工作，充分发挥科学组织管理的行政职能、全面社会服务的业务职能、开发信息资源的学术职能和促进素质教育的文化职能，不断加大档案管理和校史工作发展投入，切实加强学校档案规范化管理，努力构建面向师生、面向社会和面向发展的现代化档案信息资源建设体系、服务体系和安全体系，为学校全面深化改革和新的跨越式发展做出新的贡献。在"十二五"期间，学校累计投入超过 600 万专项经费，用于馆藏档案资源开发，不断拓展工作范围、优化服务流程、创新服务方式，促进档案管理和校史工作的深度融合。

1. 完善档案管理工作体制

确立了由校长领导、学校党委副书记主管，档案馆具体负责和校内各单位立卷的三级管理体制，成立了由校长为主任委员、主管校领导为常务副主任委员、相关校领导为副主任委员、相关职能部门负责人组成的档案管理和校史工作委员会。

2. 加强档案组织文化建设

加强校训－校风－馆训－馆风为核心的精神文化建设、国家政策法规－学校规章制度－具体管理办法相配套的制度文化建设、服务公约－服务准则－服务用语为载体的行为文化建设和管理服务环境优化为基础的物质文化建设。

3. 提高档案管理人员水平

加强学校档案管理工作队伍建设，鼓励档案管理和校史工作人员在职学习，定期或不定期召开全校专兼职档案人员培训，开展档案管理先进工作评选，发起成立西南高校档案工作联盟，加强与其他档案管理机构的工作交流和业务学习。

4. 建立健全档案管理规章

进一步修订了《四川大学档案管理办法》和各类档案管理实施细则等规范化管理文件，建立全校档案管理和校史工作网络，实行档案馆管理人员与校内各单位对口联系制度，加强对全校档案管理和校史工作的指导、协调和督促。

5. 加强档案管理业务工作

以开展四川省档案工作规范化管理达标考评为契机，积极推行档案部门立卷制度，集中清理档案收集的薄弱环节，提高各类档案的归档率、完整率和合格率，向社会和广大师生全面开展档案信息服务。

6. 加强档案安全体系建设

明确档案管理安全管理目标责任，专门建立档案保密室，签订《档案安全管理责任书》，严格档案馆大楼物业督导管理，重视档案信息化的安全管理，杜绝任何安全事故和泄密现象的发生。

7. 积极推进档案信息化建设

采用现代化档案管理信息系统，完成"历史档案数字化建设项目"第一期和第二期，实现"文化川大"网站全面改版，开发建设"川大记忆""网上校史"等专题网站、"四川大学时间轴""校史答题王"等校史服务系统和信息展示发布系统。

8. 全面开放校史文化资源

每年组织全校新生和新进教职工参观校史展览馆、历史文化长廊，每年向新入校本科生、硕士和博士研究生免费发放《四川大学校史读本》，开设《四川大学校史文化》课程，面向各类学生开办校史文化讲座，实现了校史教育全校全覆盖。

9. 不断拓展校史教育范围

积极支持学生成立四川大学校史文化协会，举办朱德、张澜、任鸿隽、巴金等著名校友诞辰纪念活动，实施"四川大学优秀教师教案手稿采集示范工程"，完成江安校区川大英烈碑建设和望江校区烈士纪念碑亭维修。

10. 探索创新校史教育方式

正式编辑出版《川大记忆：校史文献选辑》《四川大学校长传略》等系列校史文献，在《四川大学报》长期开设"人文川大"等专栏，举办《院士专题展》《抗战中的四川大学》《辛亥川大》等专题展览，开展"校史文化走出校园"等系列活动。

"十二五"期间，四川大学档案管理和校史工作的基本经验是，始终坚持"有心才有为""有为才有位"，始终坚持与时俱进和改革创新，始终坚持档案管理与校史工作的有机融合，始终坚持能力建设与服务提升相互支撑，积极争取各级领导和广大师生的支持和配合，凸显档案管理和校史工作在学校改革发展中的现实作用。

（三）存在问题

从更高的要求来看，学校档案管理和校史工作还存在一定的问题，主要表现在：

1. 基础设施建设相对滞后

档案馆大楼存在安全隐患，馆舍面积严重不足，无法严格实行档案库房、阅览室和办公室三分开。档案库房面积紧张已成为当前严重制约学校档案管理工作可持续发展的瓶颈问题。

2. 管理服务水平亟待提高

校内部分单位对档案工作依然不够重视，对于档案工作重要性的认识还是停留在"说在嘴上，写在纸上，挂在墙上"，档案行政管理有所削弱，部分档案卷宗质量不高。档案工作在学校师生中的影响力、学校师生对档案工作实绩的认可度还有待进一步提高，这是制约学校档案管理工作科学发展的显性因素。

3. 科学发展效益仍有不足

由于管理队伍学习氛围比较缺乏，档案数字化工作起步较晚，档案全文存储比例较低，现代化管理水平不高，服务方式创新不够，专业人才相对不足等问题，导致科学发展效益不足，较大程度地影响档案管理和校史工作的科学发展。

二、指导思想和发展目标

（一）指导思想

"十三五"时期，是四川大学档案管理和校史工作发展转型升级、提质增效的重要机遇期和关键发展期。四川大学档案管理和校史工作的指导思想是：全面贯彻党的十八大及十八届三中、四中、五中全会精神，以邓小平理论、"三个代表"重要思想、科学发展观为指导，深入贯彻落实习近平总书记系列重要讲话精神，进一步深入落实中央办公厅、国务院办公厅《关于加强和改进新形势下档案工作的意见》和中共四川省委办公厅、四川省人民政府办公厅《关于进一步加强和改进新形势下档案工作的实施意见》，牢固树立和贯彻落实创新、协调、绿色、开放、共享的发展理念，在实现中华民族伟大复兴的"中国梦"的引领下，为实现建设世界一流大学的"川大梦"和建设中国一流高校档案馆的"川大档案梦"，做出更大、更新的贡献。

（二）发展目标

到 2020 年，不断加强面向师生、面向社会和面向发展的现代化档案信息资源管理体系、服务体系和安全体系建设，实现档案资源建设水平、档案资源开发水平、档案管理现代化水平、档案安全保障水平显著提高，基本构建全面适应学校改革发展、有效满足管理服务需求的四川大学档案管理和校史工作科学发展体系，努力成为全国高校档案管理的先锋队、校史工作的火车头、文化建设的力行者和服务创新的排头兵。

在档案管理和校史工作中，必须坚持：

一是以能力建设为抓手，真正把学习能力、管理能力、服务能力和发展能力的建设作为科学发展的重要基础、关键所在、重点内容和努力方向。

二是以文化建设为基础，将大力宣传档案政策法规、全面改进机关工作作风、切实加强思想政治教育、积极打造优秀组织文化贯穿管理服务始终。

三是以协同创新为途径，不断探索和推进档案馆（校史办公室）与校内各单位（包括所有档案立卷部门，尤其是宣传部、学生工作部、教务处、研究生院、社科处、工会和团委等相关部处，公共管理学院、历史文化学院、图书馆、博物馆、自然博物馆等相关教学、科研和服务机构）以及校外其他档案、图书、文化和博物机构的协同创新。

四是以发展转型为根本，实现从单一性档案管理服务机构向集成化档案资源开发中心、从服务型校史研究展览机构向开放式校园文化建设中心转型。

三、主要任务和重点工程

（一）主要任务

1. 全面提升档案管理意识

全校师生，尤其是各级领导，要认真学习和深刻领会习近平总书记关于档案工作的指示，准确把握档案管理和校史工作面临的新环境、新任务和新需求，充分认识档案管理和校史工作在人才培养、科学研究、社会服务和文化传承创新中的作用，消除把高校档案机构简单地看成是业务管理机构或教学辅助机构的片面认识。

2. 强化档案行政管理职能

要在全面履行各项管理服务职能的基础上，切实履行档案行政管理职能，进一步强化档案馆（校史办公室）对全校档案管理和校史工作的组织和协调作用，进一步明确校内各单位（包括部门、学院和课题组等）和师生员工的档案管理工作责任，加强档案违纪违法行为查处，全面消除有制度不执行、制度执行不严格的状况。

3. 加强档案管理规范化建设

严格执行国家档案政策法规，进一步完善学校档案规章制度，制定实施《四川大学档案工作规范》，切实做到档案工作与其他工作同规划、同部署、同落实、同考核，采取有效措施解决档案管理的历史遗留问题，尤其是基本建设档案、国有资产档案、科研档案收集中存在的问题，建立学校档案规范化管理长效机制。

4. 加大重点档案归档力度

在建立健全各类型、各载体文件材料归档制度的基础上，重点加强"三重一大（重大问题决策、重要干部任免、重大项目投资决策、大额资金使用）"有关档案以及各类重大活动、重大建设工程项目和重大科研项目档案的收集，重视与教职工和学生有关的民生档案的收集，切实加强学籍学历档案、教职工人事档案和学生档案管理。

5. 加快推进数字档案馆建设

把数字档案馆建设全面纳入学校信息化建设的整体规划，按照"存量档案数字化""增量档案电子化"和"档案利用网络化"的基本要求，全面推进档案管理现代化。在符合学校信息化建设整体要求的前提下，突出各类载体档案材料本身的特殊性，满足档案管理"双套制"的要求，实现档案信息系统与办公自动化系统的无缝结合。

6. 创新档案管理服务方式

在确保基本服务的前提下，充分运用现代信息技术手段，积极创新档案服务方式，开发档案管理服务综合平台，充分利用微博、微信等各种新媒体，加强档案宣传和校史教育工作。在深入开展档案编研的基础上，深入推进学校档案文化建设，积极培育社会主义核心价值体系，开发具有四川大学特色的档案文化和校史文化产品。

7. 加强档案分室建设管理

制订和实施《四川大学档案分室管理实施细则》，把档案分室作为学校档案管理的分支机构和重要组成，不断加强学校档案分室的建设管理，保证档案分室档案管理服务的完整、准确、系统、安全，将档案分室建设列入所在部门和单位的发展规划,加强档案分室目标管理和工作考核,进行有效的指导、监督和检查。

8. 健全档案安全保密体系

完善《四川大学档案工作突发事件应急预案》,逐步改善档案保管保密条件,建立健全人防、物防、技防三位一体的高校档案安全防范体系,推进档案信息系统安全等级保护工作和分级保护工作,严格执行档案安全保密管理制度,加强对档案外包服务的有效监管,进一步探索数字档案长期保管和备份管理的模式、技术和方法。

(二)建设工程

1. 重点实施档案资源建设工程

以对学校负责、对师生负责和对未来负责的态度,以提高各类档案收集的完整率和规范化水平为重点和突破口,进一步强化档案主动收集意识,进一步加强与立卷单位的联系和协作,分门别类制定明确的档案资源建设规划。进一步加强管理服务调研,建立和完善面向社会的档案和校史资料征集工作机制,为广大师生和校友提供"广、快、精、准"的档案信息服务。

2. 重点实施档案数字化建设工程

科学制订数字档案馆建设方案,设立数字档案馆建设的专项经费,更新档案信息管理系统,进一步完善档案管理信息化设备设施,进一步开发和运行数字档案馆信息资源管理和服务系统。在已有历史档案数字化成果的基础上,开展后续各期建设项目立项和实施工作,实现馆藏历史档案的全面数字化存储和数字化信息服务,优化和扩大基于网络的历史档案信息服务,探索有四川大学特色的数字化档案信息长期保存全面解决方案,开发多方协作的数字化档案信息共建共享服务平台。

3. 重点实施校史文化建设工程

以四川省哲学社会科学普及基地"四川大学大学精神与大学文化教育社科普及基地"建设为契机,进一步加强"四川大学校史文化"课程教学改革,开设"四川大学校史文化"网络课程,有效组织开展校园文化与校史教育系列活动,指导四川大学学生校史文化协会工作,进一步开展"口述历史""校长教育思想"等专题校史研究,大力推进校史教育全覆盖。

4. 重点实施标准化新馆建设工程

在逐步改善档案管理和服务基本条件的基础上,根据目前的档案馆藏数量并预留适当的存储空间,力争开工建设面积达标、设施完善、功能齐全、安全保密、服务便捷、节能环保标准化档案馆新馆，达到档案馆建设规模省级二类标准，实现"存储空间、管理空间和服务空间"三分开，配备防火、防盗、防尘、防潮、防光、防高温、防有害生物、防有毒气体的必要设施。

（三）保障措施

1. 加大档案管理和校史工作投入

完善学校档案事业投入机制，科学合理核定档案管理和校史工作经费，将档案资料征集、抢救保护、安全保密、现代化管理、提供利用、文献编纂、陈列展览、设备装具购置、物业管理和运行维护等方面经费列入学校预算，保证档案管理和校史工作业务经费逐年增加，并按需设置专项建设经费，为学校档案资源建设工程、档案数字化建设工程和校史文化建设工程等档案管理与校史工作提供保障，并加强对档案管理和校史工作项目审计督查和绩效考核。

2. 全面推进档案管理目标责任制

在学校档案管理和校史工作委员会的领导下，建立全校各单位档案管理目标责任制，加强对各单位（包括各档案分室）的档案管理目标的评价和考核，规范各单位兼职档案人员的管理职责，对档案馆和各单位专、兼职档案人员给予有效的激励，对在档案管理和校史工作中有突出贡献的先进集体、先进个人定期给予表彰。

3. 切实加强档案人才队伍建设

按照国家的有关规定和学校的统一部署，做好档案管理和校史工作人员定编定岗，加强对各单位档案人员的考核，注重引进和培养高层次档案专业人才，强化专业人员上岗教育、继续教育和业务培训，不断提高人才队伍综合素质。

4. 认真做好档案和校史科研工作

加强学校档案馆（校史办公室）与校内外相关机构的科研和人才培养合作，重点支持管理创新效果突出、文化建设作用突出的档案管理和校史工作方面的科研项目立项，深入推进以问题为导向、以服务为对策的档案管理和校史工作研究，为学校档案管理和校史工作提供强有力的科学保障和技术支撑。

在新的发展时期，四川大学档案管理和校史工作要深刻领会事业发展的新内涵，主动顺应事业发展的新趋势，主动适应事业发展的新常态，主动跟进事业发展的新需求，坚持"适应新常态，实现新跨越""面对新挑战，做好两手抓""强底线思维，抓风险防控""既严格管理，又科学发展"，为全面服务学校"双一流"建设不断努力奋斗。

西南交通大学档案工作"十三五"规划

　　根据学校中长期发展战略纲要和中国共产党西南交通大学委员会第十四次代表大会精神要求，结合近年来档案工作发展的实际情况，制定西南交通大学档案工作"十三五"（2016－2020年）规划。

一、条件与形势

（一）基本条件

　　西南交通大学档案工作在学校的重视和领导下，不断发展，经过几代人的艰辛劳动，档案工作逐步走上了规范化管理的轨道。档案馆下设综合档案室、人事档案室和校史办公室三个科室，现有工作人员15人，其中高级职称2人，中级职称8人，硕士研究生5人，大学本科学历9人。

　　在学校百余年的办学历程中，产生了大量珍贵的档案材料。截至2014年，档案馆拥有15个门类13万余卷档案，是四川省高校规模最大、馆藏最多、门类最齐的少数综合档案馆之一。本馆现有场馆面积1800平方米。

（二）面临形势

　　在未来5年乃至更长时期，档案工作处在新的、有更大作为的黄金发展机遇期。

　　《中共中央办公厅　国务院办公厅关于加强和改进新形势下档案工作的意见》（中办发［2014］15号）《四川省委办公厅　四川省政府办公厅关于进一步加强和改进新形势下档案工作的实施意见》（川委办［2015］2号）等文件要求进一步加强和改进新形势下档案工作，推动档案事业科学发展。《西南交通大学第十四次党代会党委工作报告任务分解表（2015—2020年）》（西交党［2015］24号）文件对我校档案工作提出了新的更高要求，尤其是学校120周年校庆重点工程之一的校史馆建设工作是我馆目前面临的最为紧迫的任务和考验。

今后一段时期，档案工作信息化建设、大数据与档案信息管理问题及对策、互联网环境下的档案信息系统安全风险及其防范策略、档案信息安全保障以及未来智慧档案馆建设等仍是我们不断努力的方向，同时也对我们提出了更加严峻的挑战。

（三）存在问题

存在制约档案工作未来科学快速发展的问题，其中主要有：

第一，基础设施不能适应档案信息化的快速发展。

第二，队伍数量总体不足、水平不高，专业人才短缺。

第三，档案深度挖掘和编研能力相对薄弱。

二、总体战略

（一）指导思想

高举中国特色社会主义伟大旗帜，全面贯彻党的十八大和十八届三中、四中全会精神，深入学习贯彻习近平总书记系列重要讲话精神，认真准确把握学校十四次党代会提出的总目标、总战略、总方针，为建设交通特色鲜明的综合性研究型一流大学贡献档案人独有的力量。

（二）"十三五"发展目标

到 2020 年，档案工作队伍结构合理，数量和质量满足发展需要；场馆建设等基础设施明显改善，场馆建筑面积达到 8000m²；档案信息化格局基本形成，初步完成数字档案馆建设；校史馆建设及布展全面完成，面向校内外全面开放，做成独具交大特色的展览馆；校史五卷本编写工作顺利完成并出版；接待服务大厅改造完成，为师生提供更加优质的服务；档案资源深度挖掘，编研能力快速提升；档案实物征集工作持续推进，馆藏不断丰富；充分利用档案资源优势，积极应用新媒体，发挥档案的文化育人功能；切实加强档案工作"三个体系"（资源体系、利用体系、安全体系）建设。

三、主要任务与措施

（一）队伍建设

实现十三五的目标，关键在人才。以学校人才强校战略为契机，坚持"引进与培养并重"的原则，构建重点突出、层次分明、衔接紧密、持续发展的档案人才队伍建设体系。不断提高档案人才队伍专业素质和综合素质，努力造就一支政治过硬、纪律严明、作风优良、业务精熟、充满活力的档案人才队伍。到"十三五"末，硕士研究生以上学历的比例达到80%，档案学、历史学等相关专业比例达到30%。

（二）校史馆建设

校史馆是以展现学校发展历程、展示学校办学过程和不同时代学校面貌的场馆，是学校传统与校园文化的集中表现的舞台，是将学校的优良传统与校园文化精粹充分展示的场所。我校校史馆自2013年构思、设计起，从一纸蓝图，正逐步走向承载校园文化、展示交大百年魅力的实体馆。目前，校史馆建设各项工作正在紧锣密鼓地进行。

确保在"十三五"的第一年即2016年5月份开馆；到"十三五"末，成为四川省爱国主义教育基地。

（三）校史编写

校史五卷本是学校120周年校庆重点工程之一，对弘扬"竢实扬华，自强不息"的交大精神，诠释"精勤求学、敦笃励志、果毅力行、忠恕任事"的校训以及推进校史研究有着重要的意义。目前校史五卷本编写工作正在紧张有序地进行，确保2016年4月出版，为母校120华诞献礼。

（四）信息化建设

高校档案信息化建设是高校"数字化校园"建设的重要组成部分，它以档案信息资源建设为核心，以加强电子文件管理为重点，以计算机网络建设为基础，以扩大档案信息资源开发利用为目标，努力适应高校信息化建设和档案事业发展的要求，逐步实现高校档案资源数字化，信息服务网络化，电子文件和电子档案管理规范化，为教学、科研、管理服务，为我校建设和发展提供优质、快捷的档案信息服务。

数字档案馆　通过档案服务外包的形式将馆内纸质档案变成电子档案；通过网络建设实现网上归档的自动化，查档的智能化及利用的网络化，初步建成档案大数据中心，实现数字档案馆的目标。力争到"十三五"末，完成档案信息化建设工作，信息化格局基本形成，数字档案馆建设初步完成。

智慧档案馆　在数字档案馆的基础上，再用五年的时间初步建成智慧档案馆。在归档自动化、查档智能化及利用网络化的基础上，进一步利用软件系统、网络建设、内网运行及体制机制的改进来实现档案数据中心对知识的管理、信息的管理及 RSS 信息的定制与推送。即到 2025 年，基本建成智慧档案馆，实现档案馆中长期发展目标。

（五）改善环境，服务师生

服务师生是档案工作的宗旨。本着"为人民管档、为学校守史、为师生服务"的原则，我们对犀浦校区图书馆一层南侧进行环境改造，作为接待大厅，接待师生办理业务。改造工程竣工后，图书馆一层南侧将成为档案馆对外接待、服务大厅和工作人员出入口，档案馆现出入口将封闭，办公区为后台处理区域。以便更好地服务全校师生，为师生办理档案利用、查询等业务提供更好的环境。"十三五"档案馆新的接待大厅正式启用，将为师生提供一个环境舒适、服务便捷的档案办理环境。

（六）扩建库房，满足需求

档案馆现在总建筑面积为 1857m²，其中库房建筑面积为 766m²，档案馆技术用房建筑面积 90m²，共保存学校建校以来关于教学、科研、管理等 15 个门类、共 16 万余卷档案。根据国家档案局于 2007 年公布的《档案馆建设标准》，档案馆目前馆藏量在 10—20 万卷范围，其建筑面积（包括档案库房、对外服务用房、档案业务及技术用房、办公室用房、附属用房）指标总计为 2600—4600m²。参照这一指标，档案馆目前建筑面积还存在很大缺口。未来五年乃至更长时间，随着馆藏档案的增加丰富以及信息化的需要，档案馆场馆建筑面积缺口将更大。"十三五"期间档案馆将按标准扩建库房，拟建独立的档案馆大楼，并按照档案库房要求改造装修新增档案库房。力争到"十三五"末使档案馆的建筑面积达到 8000m²，满足档案信息化的快速发展和数字档案馆建设的基本要求。

（七）积极应用新媒体，促进校园文化建设

高校档案史料记载着历代师生长期的教育实践活动和科学研究的文化成果，涵盖了学校光荣的革命传统资源、丰富的科技教育资源、杰出的名师和校友文化资源、辉煌的改革发展和创业建设历程等等。她以其丰富的内涵启迪着师生，具有独特的文化育人功能。我馆将锐意创新，积极应用新媒体，将"死"的档案变成"活"的资源。努力探索档案资源与校园新媒体结合的新途径。积极开发手机游戏等学生乐于接受的形式开展校史宣传教育活动；建立档案馆微博、微信平台，推送档案服务指南、校史人物趣事、档案校史研究等信息，服务校内师生与校外大众。积极发挥档案在文化育人中的独特

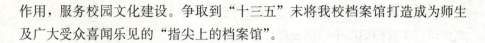

作用，服务校园文化建设。争取到"十三五"末将我校档案馆打造成为师生及广大受众喜闻乐见的"指尖上的档案馆"。

四、所需投入

（一）库房建设

档案馆目前的基础设施不能适应档案信息化的快速发展和数字档案馆的建设要求。目前，档案馆总建筑面积为 $1857m^2$，而川内其余三所部属高校的档案馆建筑面积均在 $10000m^2$ 以上且基本都是单栋档案馆大楼。随着馆藏档案的增加丰富以及信息化的需要，档案馆房屋面积缺口将更大。因此我馆建议新建档案馆大楼或新增档案馆场馆面积，使我馆建筑面积达到 8000 平方米，以满足档案信息化的快速发展和数字档案馆的建设要求。

（二）经费需求（650 万元）

随着高校信息化建设和档案事业的不断发展，档案信息化工作已迫在眉睫。"十三五"期间，我馆将全面启动档案信息化工作。硬件方面：服务器、存储器、网络设备、网络安全设备、交换机等基础设施设备的购买安装费用 50 万元—60 万元；请档案服务外包公司将现有馆藏资料进行扫描处理，建立电子数据中心，约 400 万；软件建设和档案相关平台建设 200 万；到"十三五"末，我校档案馆信息化格局基本形成，数字档案馆建设初步完成。

"十三五"期间将是档案工作发展的重要机遇期。全馆人员要振奋精神，凝聚力量，开拓创新，为迎接建校 120 周年，实现档案工作"十三五"发展目标不懈努力，共同谱写"交大梦"。

西南财经大学档案（校史）工作"十三五"发展规划纲要

一、"十二五"档案（校史）工作回顾

"十二五"期间，我校档案（校史）工作在学校党委、行政的正确领导下，在上级档案业务主管部门的关心和指导下，坚持以邓小平理论和"三个代表"重要思想为指导，贯彻落实科学发展观，围绕学校中心工作，着力建设西财发展记忆库、档案信息服务中心和校史文化平台，推进"三个转变"（从物化空间的校史展览部门向开放式校史文化平台的转变；从单一化的档案管理服务机构向集成化的档案资源开发利用中心转变；从传统的纸质档案管理模式向信息化资源管理模式转变），不断提高档案管理服务水平，各项工作均迈上了一个新的台阶。档案馆 2013 年荣获"2008-2012 年四川省高等学校档案工作先进集体"，2014 年、2015 年两次荣获"全省档案宣传工作先进单位"，2011 年、2013 年、2014 年、2015 年共 4 次获得学校目标绩效考核（教辅部门）一等奖；档案（校史）工作在学校建设特色鲜明高水平财经大学的事业中发挥了积极作用。

（一）总体情况

"十二五"期间，我校档案馆共收集整理档案 19562 卷（155125 件），接待利用者 11619 人次，提供利用档案、资料 11863 卷（件、册），出具档案证明 1568 件（次）；撰写编研资料 21 种、313.7 万字，发表论文 56 篇；先后组织或参与交流研讨（会议）33 余项（次）；校史馆接待参观 32507 人次。截至 2015 年年底，档案馆馆藏 2 个全宗，案卷 72264 卷，电子文件档案 6309 件，录音磁带、录像磁带、影片档案 3833 盘，照片档案 20669 张，实物档案 1281 件。

（二）档案管理及开发利用

学校积极贯彻落实《关于加强和改进新形势下档案工作的意见》。2012年成立校史及档案工作委员会，进一步加强对档案和校史工作的领导；落实档案规范化管理体系，积极推进档案分层管理和部门立卷工作。建成学生档案室，实现在校学生档案的统一安全管理，组织协调毕业生档案机要投递工作。夯实档案基础资源建设，做好归档入库及安全保管工作。积极做好档案查询和利用工作，提供应急档案查询服务和远程查询模式，充分发挥档案工作服务学校教学、科研、管理的作用。稳步推进档案信息化建设，调研论证形成信息化建设方案，完成档案数字化工程一、二期；分步有序完成系统开发和网站建设及更新工作；逐步完成南大之星目录库回溯和电子数据录入；积极开展馆藏纸质档案数字化扫描，第一、二期项目完成基建图纸、校报、党群文件等扫描 20 万页（A4 幅面），数据挂接 300G；完成馆藏学生卡片扫描及校友查询系统建设。积极开展部门文化建设，加强档案学术研究、培训和交流，努力提高档案工作者的业务素质。

（三）校史挖掘与传播

通过档案查证及组织调研座谈等，完成学校建校时间追溯到 1925 年上海光华大学的校史溯源论证。校史资料挖掘和征集工作取得阶段性进展，启动并开展口述校史工作并先后采访 32 人。积极协调、狠抓落实，牵头完成1400 平方米的新校史馆建设，为 90 周年校庆献礼。积极发挥校史馆的文化传播和教育功能，讲解团队形象素质、中英文讲解水平和服务保障质量显著提高。启动实施《西南财经大学年鉴》编辑工作，完成 2012 卷、2013 卷、2014 卷、2015 卷，建立学校年鉴编辑常态工作机制。

二、问题、机遇与挑战

（一）存在问题

前期工作所取得的成绩为"十三五"时期的发展奠定了良好基础。我们清楚地看到，档案和校史工作也还面临着一些问题和制约：部分单位和师生员工的档案意识有待加强；档案信息化和数字化建设滞后，档案资源开发利用水平有待提高；信息化趋势下学校专职档案人员年龄和知识结构不能完全适应档案建设和编研工作发展的需求，校史研究队伍经验不足，力量薄弱，传播能力较低等等。只有解决好这些重要问题，学校的档案（校史）工作才能在"十三五"期间得到更好更快的发展。

（二）机遇与挑战

当前，"互联网＋"行动计划以及云计算、大数据等信息技术的发展与应用，深刻影响到档案的特性和档案工作的边界；学校事业加快发展条件下对档案校史工作提出新要求，使档案（校史）工作发展既面临难得的机遇，又面临巨大的挑战：如何深化档案开发利用工作，服务学校中心工作、服务大学文化建设、服务广大教师员工和校友、服务历史研究；如何实现技术转型、服务创新，适应学校事业发展新要求，适应信息技术发展新趋势；如何促进电子档案从形成到长久保存、有效利用的全程控制，规范电子文件归档、管理，实现档案存量数字化、增量电子化，避免事后收容，甚或散失无存；如何深度挖掘校史，生动讲述和传播西财历史，充分发挥校史文化在建设特色鲜明高水平研究型财经大学中的文化支撑力量；如何建设一支管理理念先进、能力素质较高的档案管理和校史研究队伍，实现观念转变、管理变革，推进档案（校史）工作提质增效，推动我校档案（校史）事业科学发展再上新台阶。

三、"十三五"档案工作规划

（一）指导思想

"十三五"期间，全校档案工作的指导思想是：深入贯彻落实党的十八大和十八届五中全会精神，以邓小平理论、"三个代表"重要思想、科学发展观为指导，按照创新、协调、绿色、开放、共享发展理念，落实《中华人民共和国档案法》《关于加强和改进新形势下档案工作的意见》《高等学校档案管理办法》等法律文件和上级规定，围绕学校第十二次党代会精神和"十三五"发展规划纲要及校园文化建设规划纲要，按照"有档必归，有归必齐，加强研究，重在利用"原则，深入推进"三个体系"建设，加快完善档案治理体系、提升档案治理能力，不断完善档案工作体制与机制，充分发挥档案校史工作服务学校中心工作、服务师生员工校友、服务社会需求作用，为建设特色鲜明高水平研究型财经大学做出积极贡献。

（二）主要目标

到 2020 年，初步实现以信息化为核心的档案管理现代化，建成与特色鲜明高水平研究型财经大学目标相适应的、有效服务和支撑学校事业及文化发展的档案（校史）事业。

1. 依法治档兴档，服务学校中心工作。全面推行部门立卷，进一步规范档案接收、保管、利用工作流程；基本完成馆藏档案数字化转换和管理系统升级改造，提高档案管理、利用和服务的智能化水平；完善具有我校特色的档案资源体系、利用体系和安全体系，服务学校深化改革、内涵发展战略。

2. 编研传播校史，服务学校文化建设。立足百年西财文化建设，以成果为导向，以传播为目的，厚积薄发，着力打造一批校史文化品牌成果；充分发挥校史育人、资政、沟通等多重文化功能，进一步增强师生爱校荣校情感，为创建特色鲜明高水平研究型财经大学提供文化底蕴和精神力量。

（三）重点任务

1. 完成中央高校改善基础办学条件专项建设，做好光华校区库房向柳林校区搬迁的相关工作；编辑出版西财校史读本（2016年）。

2. 通过省档案局"档案管理规范化达标"检查；正式编辑出版《西南财经大学年鉴》（2017年）。

3. 实施档案管理系统升级改造；编辑出版《西南财经大学口述校史》（2018年）。

4. 部门立卷实现突破；建成网上校史馆（2019年）。

5. 参与建校95周年校庆工作；出版《西南财经大学纪事1925－2020》（2020年）。

（四）档案管理服务工作

1. 加强规章制度建设。依照有关档案法令，结合实际情况及时修订完善《西南财经大学档案管理实施细则》《档案工作规章制度汇编》及《档案工作操作手册》等。

2. 加强档案工作规范化管理。学习贯彻《四川省档案工作规范化管理办法》，成立迎检工作小组，对照档案规范化检查指标落实各项工作，争取在2年内达到一级标准，推动学校档案工作再上新的台阶。

3. 加强档案业务指导培训。选取试点单位，先易后难，逐年铺开，稳步推进部门立卷。从部门需求角度出发，规范在前，指导在先，积极主动开展上门业务指导和培训。每年开展一次部门档案员业务培训；把档案培训纳入新进员工培训内容。完善以服务促管理，以管理促服务良性互动机制，确保档案收集齐全、整理规范、移交及时。

4. 积极开展档案征集。积极沟通和服务，与教务处、科研处、宣传统战部等开展档案信息资源合作共建机制，做好基建和多媒体档案分室的指导协管工作。加强重大活动档案、实物档案、照片档案、多媒体档案、电子档案、校史与校友名人档案等征集工作。对有价值的零散档案不定期进行征集；以多种灵活方式广泛宣传动员征集校史资料。

5. 完善学生档案管理。积极探索和调研，不断改进完善学生档案管理办法，优化流程，强化服务，稳妥投递。

6. 加强档案查询和利用服务。围绕中心，服务大局，高效率地提供档案查询利用的服务工作，确保教学、科研、管理工作及学校重要活动档案利用服务及时到位。加强宣传，规范程序，为毕业生、校友提供热情高效的学籍档案查询、翻译和学籍学历证明服务。

7. 加强档案信息资源开发。根据学校实际需要，梳理、汇总、汇编学校有关规章制度、计划总结、职务任免、先进表彰、职称评定、科研成果等档案文献。

8. 鼓励档案学术研究。积极建设学习型档案馆，激励档案工作人员结合工作实践承担各级各类科研课题，撰写发表科研论文。每年全馆完成课题及成果不少于10项（篇）。

9. 积极推进档案信息化。把档案信息化需求纳入学校信息化总体方案进行统筹规划。协调推进OA系统收发文及其他功能模块与南大之星档案系统对接和自动归档；积极协调校内各业务信息系统档案资源共享。逐步推进完成馆藏纸质档案数字化转换；积极建设声像档案管理系统、学生成绩单档案翻译系统、档案编研辅助系统；适时升级改造档案管理系统、校友查询系统和档案馆网站。逐步推行电子文件与纸质档案同步归档，实现校园信息化环境下各类电子档案的全面收集、安全保管和高效利用。

10. 强化档案安全管理。提高档案安全意识，建立健全档案安全管理制度，落实档案安全责任机制。通过纸质档案数字化保护档案原件；档案库房采用先进防盗、防虫、防潮、防火等设施设备和安全防范技术手段；定期组织消防应急演练，提高抵御自然灾害和处置突发事件的能力，确保档案实体安全。加强档案信息系统和档案网络安全技术防范管理，确保档案数据及档案网络设备设施安全；建立档案数据集中存储备份与灾难恢复管理机制，实施重要档案异地异质备份制度；加强档案信息开发利用的审查与管理，确保档案信息安全。

（五）校史编研传播工作

1. 编撰出版《"经世济民　孜孜以求"校史读本》，突出生动性和趣味性，列入新生教育资料。

2. 积极开展口述校史工作。计划每年采访亲历学校发展历程中的一些重大事件和活动的老领导、老教授、老校友等关键人物 15—20 人，探寻前辈们记忆中关于学校那些鲜为人知的重要历史及其背后的故事，整理编撰结集《西南财经大学口述校史辑录》，用珍贵史料弘扬传统，彰显办学成就。

3. 继续完善年鉴编辑工作，记载学校发展成就，力争正式出版。根据现实需求做好各类专题编研，为管理、教学、科研等各项工作提供有效支持。

4. 加强对光华大学、光华大学成都分部、成华大学及 1952、1953 年并入的前身院校（系科）的史料挖掘，探寻与学校办学传统、文化氛围、大师风采、校友事迹等相关的史料，阐释、弘扬"经世济民，孜孜以求"大学精神。与华东师范大学校史馆加强校际合作，资源共享，开展光华大学及光华大学成都分部校史研究。

5. 组织力量编纂《西南财经大学纪事 1925—2020》，为 95 周年校庆献礼。

6. 探索建立校史编研项目化、常态化管理机制。广泛征集编研选题，形成选题指南。组建校内外、专兼职的工作班子，调动各种有利因素，汇聚力量参与校史编研。

7. 以新校史馆为平台，做好校史展览传播育人工作。加强对学生讲解员队伍的管理和培训，提升团队形象和讲解水平。完善校史馆参观预约及讲解制度，扩大校史馆开放度。利用入学、毕业、名师纪念日等时间节点，策划举办专题校史展览和"缅怀名师"系列主题活动。探索校史文化与校园文化建设结合点，与职能部门、学院和学生社团合作开展学生实习实践和素质教育，创新档案文化育人项目。指导学生校史社组织校史征文、演讲比赛等主题活动。

8. 充分利用先进的科技手段和网络资源，创建多向度校史文化传播方式。每年编撰发表"校史钩沉"校报专栏文章 3—5 篇；完善校史文化的线上查阅、利用、传播功能。加强"SWUFE 史话"微信平台建设，及时推送信息；开发建设网上校史馆；制作校史知识问答 flash 动画灯。实现校史馆、校史读本、校报、网上校史馆、校史微信平台等传统实体和数字媒体共通共享，以生动形象、富有感染力的形式，传承弘扬西财精神。

（六）保障措施

1. 优化档案工作体制机制。通过"档案宣传周"等主题活动开展档案意识教育，营造有利于档案工作发展的舆论环境；把档案工作列入单位工作计划和领导议事日程，切实列入有关领导和人员的岗位职责范围；及时通报学校档案工作数据、动态和各单位档案工作成绩、进展，对全校各单位档案工作进行评比奖惩，建立激励约束机制；切实解决档案工作的各种问题，保证档案工作有序开展、健康发展。

2. 加强档案人员队伍建设。健全全校档案工作队伍，各单位根据人员调整情况，及时指定分管档案工作的领导和专兼职档案人员。根据退休减员情况及时引进急需专业人才，努力培养造就一批政治强、业务精、作风好、富有创新精神的高素质复合型档案干部队伍。重视档案人员继续教育和专业技术培训，加强对计算机技术、信息技术和网络技术知识的学习，参加档案系统在职教育培训和各级档案学会、学术研讨交流活动，提高业务工作能力。

3. 优化组织设置和工作流程。广泛调研论证兄弟高校档案馆的内部职能分工和岗位设置，优化调整内部机构和工作流程，提高岗位专业化水平和工作效率，为推动向研究型档案馆的转型奠定组织基础。

4. 加强党建和思想政治工作。加强和创新党支部建设，定期开展组织生活，组织全馆政治理论学习。加强领导班子建设，每年进行1－2次民主生活会。坚持反腐倡廉和作风建设，注重安全稳定和服务意识教育。发挥工会作用，实行民主管理，注重人文关怀；关心青年职工成长，增强全体员工的事业心、责任感和归宿感。

西南石油大学档案工作发展"十三五"规划

为了推进我校档案事业在新的起点上健康、有序、可持续发展，使档案工作在为学校改革发展稳定服务中发挥更大作用，根据《关于编制学校"十三五"子规划工作的通知》的基本精神和总体要求，制定本规划。

一、发展基础

"十二五"期间，我校紧紧围绕学校全面深化改革的大局，主动谋划，扎实推进档案管理的基础性、规范化工作，深入推进三大体系建设，档案工作服务学校改革发展、服务师生的能力与水平有了新提高。我们还加大了档案文化的构建与传播，努力提升档案文化形象力，在大档案格局的构建过程中实现了水平的提升和工作的突破。

首先，在规范化档案管理体系的构建上迈出新步伐。构建体系，建章立制。成立了"档案工作委员会"，校长任主任委员，建立了专兼职档案员队伍，形成了以档案馆为中心、覆盖全校的档案工作网络体系。出台、修订了《西南石油大学档案管理办法》等各类材料归档、整理规章制度十余项。查漏补缺，追溯归档。对2000年以来因各种原因未归档的重要文件材料进行追溯归档，我校重要档案材料生成部门的归档工作步入规范化、常态化。处理积压，规范整理。加强档案基础业务建设，馆藏结构进一步优化。整改完善，定级评估。2012年以98.3的高分顺利通过省教育厅、省档案局组织的规范化管理定级评估，晋升为四川省档案工作规范化管理一级单位。

第二，在特色化"三大体系"的构建上实现新突破。加强开发利用，挖掘档案的思想力。为了把"死档案"变成"活信息"、把"档案库"变成"思想库"，我们组织精干力量对近30年以来的党群、行政管理文件进行了分类汇编，组织精干力量编研完成《西南石油大学记忆》两个系列共计十册。我们还着手对电子文件进行归档管理，编印了《见证——学校新闻汇集》2014 和 2015 卷，主动存史，积淀文化。培育特色业态，提升档案的生命力。我们启动了"学科网上荣誉展厅"和"名人档案库"的建设，选取国家级重点学科油气田开发工程为切入点建设网上荣誉展厅，目前初步建立了我校培养的罗平亚、周守为和高德利三名院士的名人档案库。改革服务模式，构建多元化服务体系。在培训方式上突出"前端"指导，在服务方式上突出多样化，在提供档案的认证服务上突出权威性。夯实数据基础，搭建信息化服务新平台。筑牢安全基石，构建多维度防控格局。

第三，在以史育人新常态的形成上实现新突破。以"口述"项目为抓手，构筑特色档案支撑。2014 年我们组建了校史编研的团队，通过开展"记忆·口述石大"访谈，抢救式"采访"了 20 多位 80 岁以上的老领导、老教师，编辑推出了等 20 多个讲述，先后在校报和网站上予以发布。致力校史研究，为存史育人提供精神源泉。先期完成了"文革"阶段校史的撰写。借力新媒体平台，构建全新的档案文化矩阵。我们推送了多档期的"微校史""见证石大"系列微文先后在大学生全媒体中心和"石大青听"两个学生微信平台投放，建好校史文化协会、校史编研学生团队和校史解说员团队三支学生队伍。策划实施档案文化传播活动，提升档案资政育人贡献力。成功筹划组织开展了纪念首任院长马载诞生 110 周年的纪念座谈会、图文展、纪念文稿、纪念画册、纪念视频，整个纪念活动产生了广泛而良好的影响力。倾力打造文化传播基地，助力文化育人。我们全力推动了校史文化教育方面的改革创新，先后组建了校史文化教育宣讲团，成立了校史文化协会，组织了"时空回廊·户外校史馆"两校区的巡展，启动了校史文化讲坛，党委书记孙一平开启了首讲《石大精神的哲学内涵》。校史文化教育的大课堂以此起步，以史育人的新常态得以初步形成。

但在"十二五"期间，我校档案工作还存在以下问题：档案馆库建设落后于需求，库容不足，结构布局不合理，技术配置比较落后；档案数字化的工作，因为经费的缺乏，推进不力。现有职工队伍中专业人才匮乏，导致校史编研工作整体进程较缓。

二、指导思想和发展目标

（一）指导思想

以邓小平理论和"三个代表"重要思想为指导，深入贯彻落实科学发展观，认真落实全国教育工作会议和档案工作会议，以及《国家中长期教育改革和发展规划纲要（2010－2020 年)》《高等学校档案管理办法》精神，紧紧围绕学校教育事业战略目标、总体规划和中心工作，充分发挥高校档案和档案工作存史、资政、育人的功能，全面提升学校档案工作的服务能力和水平，发挥档案工作服务学校教学、科研、管理以及领导决策，服务全校师生员工、历届校友，服务社会各界需求的作用。

（二）发展目标

以推进"三个体系"建设为目标，进一步丰富馆藏，提升档案安全保障能力和公共服务能力。着力实现"一个转变"，加快推进向数字档案馆转型的步伐，在服务学校科学发展上取得新进展，在提高档案管理水平上取得新突破，在加强档案资源建设上取得新成效，在推进档案信息化建设上取得新成绩，在提升档案队伍素质上取得新进步，实现学校档案事业的跨越式发展。

三、主要任务

（一）完善档案制度建设

完善档案管理制度建设，提高依法治档水平。档案是规范管理的基础，档案管理必须有章可循，档案征集必须执行有力，把档案工作纳入各二级单位年终绩效考核体系，切实推动档案的征集与管理工作，保证各类档案的准确性、真实性和完整性，通过档案工作这一抓手，来促进校内系部规范管理。

（二）夯实档案基础业务

1. 丰富特色档案资源建设。在"十三五"期间，加强档案收集指导工作，更加注重校史档案收集。结合实际需求，加强对西南石油大学各个时期的有重要参考及凭证价值档案和重大活动、重大事件、重点工程等档案的收集；继续做好名人档案、实物档案和声像档案、照片档案等多媒体特色档案的征集归档工作，丰富校史馆藏。

2. 做好基础业务建设。加强档案的整理、编目、保管、保护等档案馆业务工作，开展馆藏珍贵档案价值鉴定，做好重要档案的抢救工作，完善档案检索体系，加快档案开放进度，提高档案的利用率，更好地维护档案资源的真实价值和信誉，服务教学科研，服务师生员工，服务社会民众。

（三）推进档案信息化建设

1. 建设档案信息门户网站。由于现用的南大之星发布系统问题较多，将结合学校站群系统重新建设档案信息门户网站，力争网站栏目合理，内容丰富，更新及时，基本能够满足社会各界、师生员工和利用者对档案网上信息的需求。至"十三五"末期，完善学校档案信息平台和公共利用服务平台。

2. 启动电子档案在线接收系统建设项目，至"十三五"末期，校内各单位全部建成电子档案在线接收系统，与档案信息网对接，实现在线实时接受电子文件，实现数据无缝连接。

3. 推进数字档案馆建设。目前我馆已初步完成了档案目录数据库建设，"十三五"期间，要进一步推动档案全文数据库建设和多媒体档案数据库建设，分期分批对历史档案进行数字化加工，力争在"十三五"末期全面实现重要历史纸质档案数字化，增量档案纸质电子一体化归档。

（四）加强档案队伍建设

1. 打造一支过硬的专业档案员队伍。加强馆内部规范管理，建立合理的管理架构，明确岗位责任，加大业务培训力度，建设学习型团队，打造一支专业结构合理、爱岗敬业、富有创新精神的专职档案员队伍。

2. 建设好兼职档案管理网络。建立培训考核机制，不断提高各二级单位兼职档案员的档案意识和业务素质，建设一支热爱档案事业，责任心强，执行有力的兼职档案员队伍。

（五）推进档案基础设施建设

按照国家档案局、教育部联合下发的《高等学校档案管理办法》（27号令）有关规定，解决学校档案馆馆舍及基础设施落后的问题，对现有库房进行安装密集架的改造。

（六）构建档案安全体系

进一步建立健全人防、物防、技防相结合的安防体系，坚持实施"双查"责任制，对馆藏档案要严把接收关和利用关，加强数字档案资源安全保障体系建设，在做好日常安全备份、检查的基础上，坚持对数字档案做好异地、异质备份，筑牢档案实体安全和信息安全的屏障。

（七）加大档案开发利用的力度

发挥好档案馆"四位一体"功能的作用，充分挖掘馆藏档案珍品，举办有影响、高质量的档案展览，出版有价值、高品位的档案文化产品，提升档案资政育人能力。

继续抓好校史编研团队，广泛开展走访和校史的资料收集、研究和撰写工作，打造出具有思想性、学术性、可读性的校史精品。

（八）建好校史馆

筹备创建 3D 虚拟校史馆。在"十三五"期间重新筹建校史馆，为我校建校 60 周年献上一份厚礼。利用先进的设计理念及展陈手段，融入数字化多媒体技术及现代主义的设计元素，以史实和史料为依据，图文与实物相结合，做好设计上和展品的准备。使校史馆成为追溯历史、宣传当代、展望未来的窗口，将校史馆建设成为教工爱岗敬业、学生励志成才，校友回味历史的爱国爱校教育基地，力争 2020 年前建设成为全省的爱国主义教育基地。

（九）开展好校史文化教育

进一步通过整合档案资源、校史文化精品、微校史、校史微信、特色资源构建等途径，运用互联网思维，创新驱动，结合大众、人际和网络传播三者优势，全力提升档案文化在师生中渗透力和影响力。

策划实施档案文化传播活动，打造文化传播基地，指导好"校史文化协会"学生社团，开展两校区户外校史馆巡展，开展好新生的校史文化专题教育，助力文化育人，提升档案资政育人贡献力。

成都理工大学档案工作"十三五"规划

为推进学校档案工作全面协调发展,特制订成都理工大学档案工作"十三五"(2016－2020 年)规划。

一、"十二五"期间主要成绩

"十二五"期间,在校党委、行政的领导下,在学校相关部门的通力支持与协作下,档案馆在人员紧缺(从 2011 年的 19 人锐减到 2015 年 12 人)的情况下,直面困难,锐意进取,坚持以"依法治档,强化服务,发挥效益"为工作思路,以提高管理效率和服务质量为主线,以档案信息资源体系、档案安全保障体系、档案服务利用体系等"三大体系"建设为重点,做到了常规工作有规范,管理模式有突破,服务质量有提升,学校档案工作迈上了一个新台阶:

1. 制度建设不断完善

学校制定了《档案资料查借阅制度》《学生档案管理办法》《关于购买和使用国家秘密基础测绘成果的审批管理规定》《教职工人事档案管理办法》《基本建设项目档案管理办法》等业务规范性文件,提升了学校档案工作的制度化水平。

2. 保管条件明显改善

学校调整库房布局,扩大了档案库房面积;集中改造了库房线路、更换了库房灯具、安装了 24 小时视频监控系统,降低了库房安全隐患;采购档案柜、空调、低温消毒柜、高速扫描仪等,逐步改善了档案保管条件;按工作流程将综合档案室分设为收集整理室和保管利用室,调整档案库房管理模式,实行"专人专管",提升了学校档案安全保障水平。

3. 资源建设有效加强

按照档案工作"三纳入""四同步"的要求,各单位确定了档案工作负责人和兼职档案员，形成了以档案馆为中心，覆盖全校的档案工作网络体系，实现了档案工作的全覆盖。编制了《各单位（部门）立卷归档范围和保管期限表》，积极推行"主动服务""上门服务"，提升了学校文件材料归档率。

4. 数字化建设稳步推进

自 2012 年起全面实现了新增纸质档案与电子档案同步归档；积极推行馆藏档案数字化，对馆藏中使用频率较高的建校以来的新生录取名册、学籍卡、学位材料及 2008 年之后的文书档案等进行数字化，数字化量达到 26 万余页，并将其与档案信息管理系统进行无缝挂接，为下一步建设数字化档案馆奠定了基础。

5. 服务利用水平显著提升

积极推行服务公开、首问责任、限时办结、工作联系、工作督办、假期集中服务等举措，馆内职工主动服务、热情服务意识明显增强；实行开放式服务、亮牌服务，实现了从业务咨询、归档交接到整理入库以及从查询接待、查阅复制到翻译、盖章、收费等事项的一站式服务，有效地提高了服务质量和服务效率，为学校决策服务、管理服务以及民生服务的广度和深度不断加强，得到广大师生的一致好评。同时，挖掘档案资源，开展档案编研及校史研究，编撰了学校 60 周年校史。

二、当前学校档案工作存在的突出问题

目前，学校档案工作中存在一些突出问题，制约着学校档案工作的健康发展：现有档案馆馆舍及基础设施陈旧，库房面积不足；信息化专项经费投入不足，馆藏档案数字化工作进展较慢；学校办公自动化系统和共享数据平台尚未建立，导致学校各单位、各部门形成的电子文件无法及时归档；档案管理水平和档案资源开发利用水平有待提高；专兼职档案工作人员的整体素质还有待加强，专职档案工作人员还有待补充档案学和计算机科学与技术等方面的专门人才。

三、"十三五"期间发展目标

1. 指导思想

深入学习贯彻习近平总书记系列重要讲话精神，以邓小平理论、"三个代表"重要思想、科学发展观为指导，全面贯彻落实党的十八大和十八届三

中、四中、五中全会精神，认真贯彻落实中共中央办公厅、国务院办公厅《关于加强和改进新形势下档案工作的意见》和中共四川省委办公厅、四川省人民政府办公厅《关于进一步加强和改进新形势下档案工作的实施意见》，深入推进档案资源、档案利用、档案安全三个体系建设，加快完成学校档案管理体系，全面提升学校档案工作的服务能力和水平，充分发挥学校档案存史、资政、育人的功能，为学校建设高水平综合性大学做出新贡献。

2. 发展目标

以档案资源、档案利用、档案安全三大体系建设为核心，以档案规章制度建设为基础，以服务学校、服务师生、服务社会为宗旨，大力推进学校档案治理法制化、档案资源建设多元化、档案利用便捷化、档案管理现代化、档案安全高效化、人才队伍专业化建设，力争经过"十三五"期间建设，把成都理工大学档案馆建设成为馆藏丰富、管理规范、利用方便的档案安全保管基地、校史校情教育基地和档案资料利用服务中心。

四、"十三五"期间主要任务与保障措施

1. 加强档案治理体系建设

以学校推进治理体系和治理能力现代化建设为契机，全面推进以《成都理工大学档案工作规程》为主干制度的管理办法与实施细则的建设工作，完善档案管理制度体系；加强档案法律法规的宣传教育，不断提升全校档案法治意识和档案治理法治化水平。

2. 加强档案资源体系建设

继续抓好档案资源体系的源头建设，进一步完善档案材料归档范围，强化业务指导，加强对档案材料形成积累、整理立卷、归档移交的全过程监督检查，提高新增收档案数量和质量，建立健全各单位立卷归档考核机制，保障档案资源齐全完整。

3. 加强档案利用体系建设

不断优化档案利用场所硬件设施建设，提供良好的查档环境；加强档案资源利用和共享平台建设，进一步简化利用手续，逐步实现档案利用便捷化；深入挖掘档案信息，加强校史资料征集，开展校史研究，以多种形式开展校史校情教育，发挥档案育人功能，服务学校校园文化建设。

4. 加强档案管理信息化建设

继续实施"增量档案电子化、存量档案数字化"工作。建立完善电子文

件归档、移交和长期保存制度，规范电子文件归档管理工作；加快馆藏档案数字化进程，全面完成馆藏重要纸质档案数字化；完善档案管理信息系统，大力推进数字档案馆建设，提升档案管理现代化水平。

5. 加强档案安全体系建设

大力推进档案馆馆舍调整和条件改善工作，扩大库房面积，完善各项配套设施，改善档案安全保管条件；按照《档案馆建设标准》《档案馆建筑设计规范》要求，积极推进档案馆新馆建设规划；层层落实档案安全责任制，加强安全制度建设和安全监督检查，构筑人防、物防、技防"三位一体"的档案安全防范体系，确保档案实体与信息安全。

6. 加强档案干部队伍建设

继续严格内部管理，完善岗位考核评价体系和绩效发放机制，积极营造团结、和谐、奋进的氛围；采取有效措施，加强专业人才的引进、培养和使用，不断提升档案人才队伍的专业化水平。

西南科技大学档案工作发展规划（2016—2020）

为推动我校档案事业又好又快地发展，使档案工作在学校的建设和发展中发挥更大的作用，特制定本发展规划。

一、"十二五"时期的主要成绩

我校在"十二五"时期，档案工作取得了显著成绩。学校党委和行政十分重视档案工作。我校档案工作由校长领导，由分管副校长具体负责，校长、分管副校长的工作职责在《西南科技大学档案管理办法》中作了明确规定。学校将档案工作纳入了学校发展规划和年度工作计划。

对全校档案实行了集中统一管理，做到了统一领导、统一机构、统一制度，先后制定和完善了《西南科技大学档案管理办法》《西南科技大学档案归档范围及保管期限目录》等28个规章制度，并严格执行。

我校档案工作形成了管理网络。各部门坚持了档案工作纳入部门工作计划和规划、纳入管理制度、纳入工作职责的"三纳入"制度和档案工作与其他工作同布置、同检查、同总结、同验收的"四同步"制度。

完善档案馆设施设备。档案馆为单独1栋楼，馆舍建筑面积2987平方米，配有现代化、智能化、科学化管理及保管设备设施，完全符合规范化管理要求，完全满足需要。

档案信息化建设取得优异成绩。档案馆设有专人负责档案信息化工作，现使用"南大之星"软件进行档案管理，各门类、载体档案全部实现案卷级管理，文件级目录实行计算机管理。声像档案实行数字化管理。完成了处级、科级干部人事档案的数字化及计算机查询系统，将我校重要专家个人成果数字化并用云技术建立查询系统。学生学籍档案数字化工作成绩显著。

建立了全引目录、案卷目录、分类文件目录和部分专题目录等，并予以开放。制定服务指南，档案检索工具齐全。建立了以计算机查询为主体的档案检索系统。

档案的开发利用在学校管理和建设中发挥了重要作用，为学校各方面工作和师生、校友等提供了大量的档案查询利用服务。在编研工作方面，编写了学校组织沿革，西工院、绵阳经专、西南科大三个全宗介绍；编写了《西南科技大学创办历史》《西南科技大学汶川特大地震抗震救灾恢复重建工作》《西南科技大学汶川特大地震抗震救灾工作纪实》和《西南科技大学档案工作建设》4本编研资料；还参与了学校校史、年鉴等编辑工作；承担了为教育部、国防科工局等编撰抗震救灾恢复重建志资料任务，编撰资料约8万字。近年来，发表档案学术论文6篇、工作论文7篇，档案馆尹华松同志参研的《区域产学研联盟培养高级应用型人才的探索与实践》获国家级教学成果二等奖和四川省优秀教学成果一等奖。

二、当前存在的突出问题

尽管通过不懈的努力，学校档案工作不断发展，有了很大的进步，但仍然存在一些不足和问题，主要是：一是档案法制意识有待加强，个别领导和兼职档案工作人员档案意识、档案法制意识较为淡薄，对档案工作认识不到位。二是专职档案人员业务能力有待提高，近两年来，随着老同志的退休，新进人员较多，他们的理论知识、业务技能等较差，有待通过学习、培训等方式来尽快提高；三是档案信息化建设起步较晚，成果不多；四是编研力量薄弱，成果较少。

三、指导思想

坚持以科学发展观统领学校档案工作，坚持"广积档案资源，科学规范管理，注重开发利用，服务学校发展"的档案工作理念，不断完善档案管理制度，不断加强档案资源建设，不断提高档案管理水平，不断强化档案开发利用，不断改善设施设备条件，不断加强档案队伍建设，促进学校档案事业又好又快发展。

四、总体目标

通过5年的努力，使学校档案工作的管理机制更为完善，馆藏档案更为丰富，设施设备更为完备先进，编研和服务能力显著提高，部分档案实现网上查阅，管理工作水平全面提高，把西南科技大学档案馆发展建设成为学校档案的保管基地、爱国爱校教育及校园精神教育的基地和提供档案信息及服务的中心。

五、主要任务

1. 加强基础业务建设，提升管理水平

进一步加强对各部门立卷归档工作的指导，提高归档材料的质量，按照规范化的要求，做好档案材料的立卷归档和整理保管工作。按照"整体规划、全面提高、改善硬件、强化管理、埋头实干、促进发展"的原则，切实加强基础业务建设，切实加强规范化管理，不断提升管理水平和质量。

2. 加强收集力度，广积档案资源

进一步加大档案资源的收集力度，在做好面上收集工作的同时，加大电子档案、实物档案的收集力度，开展档案史料征集工作，开展对学校有突出贡献的领导、教授和杰出校友的个人档案征集工作，不断丰富馆藏资源。

3. 加强信息化建设，提升信息化水平

革新档案管理手段，积极推进档案数字化建设，逐步将纸质档案、照片档案转化为数字档案；完善馆藏档案目录数据库，实现馆藏档案文件目录全部计算机管理；加大电子文件收集力度和管理，确保电子档案长期保存、安全可靠、便于共享；逐步实现在校园网上查阅公开档案；办好档案馆网站，不断增加信息量；开办档案信息查询利用窗口，提供档案网上公布和检索利用。

4. 加强开发利用工作，不断增强服务能力

积极拓展档案工作领域，进一步完善档案工作体系，不断开辟档案事业发展的新空间，创新利用服务方式和手段。加强编研工作，撰写和不断完善检索工具。不断增强服务能力，不断扩大服务范围，不断提高服务水平，为学校管理、教学、科研等工作和师生、校友提供便捷、高效的档案服务。积极利用档案进行爱校和校园精神宣传教育活动，办好网上展览，充分发挥档案的文化教育功能。

六、保障措施

1. 加强宣传，不断增强广大教职员工的档案意识

通过召开会议、学习培训、印发文件、媒体宣传等多种形式，深入宣传档案法律法规和档案知识，不断提高广大教职员工对档案工作重要性的认

识，促进档案工作的开展。坚持用科学发展观统领档案工作，坚持以人为本，树立"民生档案"和"人的档案最重要"的新观念，紧密联系学校的实际，不断开辟新的工作领域，不断探索新的工作方式，使学校档案事业发展与学校整体发展同步，使档案馆内部各项工作和各门类档案协调发展，促进档案事业又好又快发展。

2. 完善机制，进一步调动各部门做好档案工作的积极性

认真执行档案材料形成单位、课题组立卷的归档制度，进一步完善档案工作管理网络，进一步明确有关方面和人员的职责，不断强化责任意识，建立健全档案工作检查、考核、评比制度，将各部门档案工作完成情况纳入年度部门工作考核，不断完善责任落实、奖惩分明、管理有效的档案工作机制。

3. 建设队伍，确保档案事业持续健康发展

不断加强专职档案工作队伍建设，进一步改善专职档案工作队伍结构，专职档案工作人员的年龄、性别、学历、专业形成合理结构，50岁以上人员不超过30%，学历全部达标，配有档案专业和计算机专业人才。进一步加强专兼职档案工作队伍的思想建设、作风建设和效能建设，不断提高专兼职档案工作人员的大局意识、责任意识、服务意识和业务工作能力。

4. 增加投入，确保档案工作的顺利开展

根据学校档案工作发展需要，按照现代化管理要求和档案信息化建设的需要，进一步加大投入，不断提高档案管理的科技含量，适时更新和优化设施设备，不断推进档案信息化建设和提高档案现代化管理水平。

5. 警钟长鸣，确保档案的绝对安全

档案是不可再生的宝贵资源。档案安全工作，责任重于泰山。要高度重视，切实抓好档案安全工作，确保档案的绝对安全。严格执行档案安全管理制度，规范管理，从严管理。严格执行档案利用借阅制度，杜绝失泄密现象发生，确保涉密档案信息的绝对安全。进一步加强档案现代化管理推进过程中的技术保护，采取有效的技术手段，防止因技术原因造成档案信息的丢失，确保档案信息安全，杜绝安全事故和失泄密事故。

成都信息工程大学档案工作"十三五"规划

"十二五"期间，在学校领导高度重视和正确领导下，在省档案局的悉心指导下，综合档案室深入贯彻落实科学发展观，紧紧围绕"对学校历史尽责，为学校发展服务"的宗旨，认真贯彻执行《中华人民共和国档案法》《高等学校档案管理办法》等法规精神，不断加强档案的管理与服务，在档案管理体制和档案制度、档案业务和档案信息化建设、档案安全、档案服务和档案开发利用等各方面取得了一定成绩。2010年学校获四川高校"五五"档案普法先进单位。2013年学校通过四川省档案局执法检查。2015年12月29日学校通过四川省档案局档案工作规范化一级标准认定。

"十二五"期间档案工作取得的成绩，为"十三五"档案工作科学发展奠定了良好的基础。同时，我们也清醒地看到，我校档案工作发展还存在不少的问题和困难。主要是：档案信息资源的开发利用水平不高；档案信息化建设和档案基础业务工作有待进一步加强；档案人才结构和干部队伍的整体素质还不能完全适应档案工作发展的需要。只有解决好这些问题，档案工作才能全面协调可持续发展。

为完成新形势赋予档案工作的新任务，根据中共中央办公厅、国务院办公厅《关于加强和改进新形势下档案工作的意见》，中共四川省委办公厅、四川省人民政府办公厅《关于进一步加强和改进新形势下档案工作的实施意见》的要求，特制定"十三五"（2016—2020年）期间我校档案工作发展规划纲要。

一、指导思想

以邓小平理论、"三个代表"重要思想、科学发展观为指导，深入贯彻习近平总书记系列重要讲话精神，认真落实党的十八大和十八届四中、五中全会以及中办、国办《关于加强和改进新形势下档案工作的意见》精神，进一步加强和改进新形势下我校档案工作,进一步完善档案工作体制机制,加大对档案工作的支持保障力度,推动学校档案事业科学发展,为全面提升学校内涵发展做出新贡献。

二、总体目标

积极争取学校领导的支持,将档案工作纳入学校"十三五"发展规划,使档案工作"十三五"规划有政策、物力、财力和人力的支持和保障。建立与学校发展相适应的档案工作机制与体制;进一步丰富优化馆藏、确保档案应归尽归,逐步实现馆藏档案资源优化配置;加强安全保障能力建设、确保档案安全保管;加快推进档案信息化和数字档案馆建设,初步实现馆藏档案信息化;优化档案人才结构和提高档案队伍整体素质,加大对档案队伍的培训力度,提高档案队伍对档案的开发、利用、编研能力。

三、主要任务

(一) 完善档案制度建设

完善档案管理制度建设,提高依法治档水平。档案是规范管理的基础,档案管理必须有章可循,档案征集必须执行有力。"十三五"期间在重点落实《成都信息工程大学档案管理办法》基础上,进一步同各部门各单位沟通合作,按部门和单位确定各类档案的收集范围和保管期限,保证各类档案的准确性、真实性和完整性,通过档案工作这一抓手,来促进校内单位对档案的规范管理。

(二) 加快档案室硬件建设

由于我校档案室目前位于学校图书馆六楼,就发展空间和档案安全而言,还需要进一步改善。"十三五"期间,力争学校对档案室硬件进行提升,建成符合档案管理标准的库房和办公场所。加强档案馆基础设施建设,按照档案馆"四位一体"功能要求和《档案馆建筑设计规范》进行场馆规划,完善各项配套设施,改善档案保管条件。

(三) 夯实档案基础业务工作

1. 扩大档案收集范围,建立特色档案,改善档案收藏结构。在"十三五"期间,加强档案收集指导工作,更加注重校史、科研档案收集。结合实际需求,加强对成都信息工程大学各个时期的有重要参考及凭证价值档案和重大活动、重大事件、重点工程等档案的收集；加强特色珍贵档案建设，有重点、有计划地征集散失在社会、校友手中的珍贵档案；继续做好名人档案、实物档案和声像档案、照片档案等多媒体特色档案的征集归档工作，丰富馆藏。

2. 做好基础业务建设。加强档案的整理、编目、保管、保护等档案馆业务工作，开展馆藏珍贵档案价值鉴定，做好重要档案的抢救工作，完善档案检索体系，加快档案开放进度，提高档案的利用率，更好地维护档案资源的真实价值和信誉，服务教学科研，服务师生员工，服务社会民众。

3. 提升档案编研水平。通过档案资料编研，出一批编研成果。鼓励专兼职档案员积极开展编研工作，既要"编"更要"研"，主动服务学校建设发展和广大师生员工需求，更好地体现档案工作的内在价值。

（四）加强档案安全管理

1. 设备保障档案安全。为保证档案安全，充分利用学校为综合档案室配备的适宜档案工作需要的各种硬件设施，包括：空调、除湿机、消毒机、吸尘器、避光窗帘、消防灭火器、红外线防盗报警装置，做到定期查库，按时登记。

2. 制度保障档案安全。为加强档案安全管理，以《档案库房管理制度》为基础，定期检查档案库房各类设备运行状况，及时更换消防器材和防虫剂，认真做好库房温湿度记录，严格执行档案进出库登记制度，坚持做到档案收集有登记、查阅有手续、借阅需审批。杜绝任何档案安全事故的发生。

（五）加强档案队伍建设

1. 打造一支过硬的专业档案员队伍。加强馆内部规范管理，建立合理的管理架构，明确岗位责任，加大业务培训力度，建设学习型团队，打造一支专业结构合理、爱岗敬业、富有创新精神的专职档案员队伍。

2. 建设好兼职档案员管理网络。建立培训考核和表彰处罚机制，不断提高各单位分管档案领导的档案意识和兼职档案员的业务素质，建设一支热爱档案事业，责任心强，执行有力的兼职档案员队伍。

（六）推进档案信息化建设

1. 完善档案信息门户网站建设。力争网站栏目合理，内容丰富，更新及时，基本能够满足社会各界、师生员工和利用者对档案网上信息的需求。至"十三五"末期，完善学校档案信息平台和公共利用服务平台。

2. 全面启动学校档案馆藏数字化建设，包括档案目录数据库建设、档案全文数据库建设和多媒体档案数据库建设，分期分批对历史档案进行数字化加工，力争在"十三五"末期全面实现重要历史纸质档案数字化，增量档案纸质电子一体化归档。

四、保障措施

（一）立足改革创新

要思想及科学发展观武装头脑并实际运用到自己的工作中去，工作上用心用脑用力，时刻意识到档案工作的重要性，通过档案工作创新，促进管理创新，不断拓展档案工作的服务内涵。

（二）强化依法治档

根据《中华人民共和国档案法》、教育部《高等学校档案管理办法》《成都信息工程大学档案制度汇编》的要求，加强档案规范化管理，对档案工作先进单位和个人给予表彰，对违反档案法规的行为进行处理。

（三）加大资金投入

加大对档案工作的经费投入，力争学校为档案各项业务的开展提供年度预算经费保障，使档案事业的发展与学校各项事业发展同步。

（四）建设档案队伍

多方面地开展档案专业培训，提高档案队伍的业务素质，有计划地培养一批档案业务骨干和档案学科带头人，建设综合实力强的创新团队。

（五）做好档案工作宣传

大力宣传档案法规，强化全校师生员工档案意识，做到档案工作"三纳入、四同步"。坚持档案为学校教学科研管理服务、为学校内涵建设服务、为构建社会主义和谐社会服务和为全面建设小康社会服务。

（六）加速档案信息化

把档案信息化纳入学校信息化建设的总体规划，争取校内各单位的政策支持和资金支持，将档案信息资源建设与信息资源开发利用工作和建设结合起来。

四川理工学院档案工作"十三五"（2016-2020年）发展规划

　　档案是学校教育事业建设和发展过程中物质财富和精神财富的历史积淀，是社会主义文化建设和精神文明建设的重要组成部分。在新形势下，档案工作发展规划必须紧紧围绕学校中心工作，为学校建设和发展提供全面服务。

一、"十二五"时期学校档案工作的主要成绩

　　"十二五"期间，在学校党政的重视与领导下，在上级主管部门的业务指导下，在全校专兼职档案工作者的积极努力下，学校档案工作以《高等学校档案管理办法》（教育部27号令）为指导，积极进取，务实创新，取得了较大的进步。在此期间，连续多年在学校安全工作检查验收中荣获先进单位，先后荣获了学校创先争优先进党支部，2008-2012年全省高校档案工作先进集体，2013年学校体育馆、第三实验楼重大建设项目档案管理考评验收获优秀等级。档案工作以满足学校师生与社会各界利用档案需求为目的，不断破解发展中的种种难题，为服务学校中心工作做出了积极的贡献。

　　（一）深入学习宣传档案法规，营造依法治档工作环境

　　档案馆按照"教育部27号令"的要求，深入开展了档案法制宣传教育，深入学习中共中央办公厅、国务院办公厅《关于加强和改进新形势下档案工作的意见》（中办发〔2014〕15号），领会做好新形势下档案工作、建设档案强国的纲领性指导文献精神，充分利用网络平台，加强档案法规宣传力度，不断提高档案人员的档案意识，营造了一种依法治档的工作环境。

　　（二）建立健全档案管理制度，提高档案规范化水平

　　我校形成一套比较完善的档案管理办法和工作制度，各类档案都有相对

应的管理制度和规范,保证了所有档案材料的收集、整理、归档、保管和利用的整个过程有序进行。积极开展全校档案工作检查评比和表彰,督促规范各部门档案管理工作。检查的重点从组织领导、案卷质量以及兼职档案管理人员的业务能力等三个方面进行考核,使全校师生员工依法治档的意识得以提升。

（三）荣获 2008—2012 年全省高校档案工作先进集体

在 2008 年受省教育厅表彰,荣获"四川省高校档案管理先进集体"称号后,进一步注重加强制度建设,实施规范化管理,在学校各二级学院、各职能部门的大力支持与协作下,档案管理专兼职队伍团结一心、立足本职、勤勤恳恳,认真完成每年度档案的收集整理、立卷归档、消毒排架、查阅利用等各项工作,在 2008—2012 年全省高校档案工作评比中,我校再次荣获"四川省高校档案管理先进集体"称号。

（四）2013 年我校体育馆、第三实验楼重大建设项目档案管理考评验收获优秀等级

2013 年,由自贡市档案局、城建档案馆组成的重大建设项目档案管理验收组对我校体育馆、第三实验楼建设项目及其附属项目档案管理进行检查验收。根据国家档案局《重大建设项目档案验收办法》《四川省重大建设项目档案管理办法》等文件精神,按照全面、规范、系统的档案管理要求,经过严格考评,我校体育馆、第三实验楼建设项目档案管理顺利通过验收,并获优秀等级。

（五）坚持服务第一,多方位提高利用服务能力

积极开发利用档案资源,充分发挥馆藏的作用,树立主动、热情的服务意识,积极开展档案查询、电话咨询、来馆查阅、网络查询等多种形式的服务。在学校"学科建设""博士点、硕士点申报""国家级、省级特色专业申报""重点科研平台建设""科研项目申报及成果转化""专业认证""教育部学位认证中心学历学位认证""申请出国学生学籍证明、成绩翻译""学校教职员工晋升职称""办理职工社保""补充干部人事档案"等系列档案利用服务工作中为广大师生员工及社会利用者提供全面、准确、优质、高效的服务。

（六）坚持科技兴档,不断加快档案信息化建设

学校投入资金,配备了服务器与网络档案管理系统,开展网上归档立卷、

查阅统计等工作，抓紧档案案卷级、文件级题录信息等基础数据库建设，并加快推进馆藏档案数字化，不断推进档案信息化建设。截至目前，已完成2005-2014年学籍档案、2004-2013年党群、行政发文的数字化扫描工作。

（七）抓好队伍建设，不断提升档案管理水平

1. 管理队伍建设

学校成立档案管理委员会，切实加强对全校档案工作的统一领导和管理，切实研究解决学校档案工作发展过程中遇到的重大问题，提升了档案工作的领导力和协调力，为规范我校档案管理工作、促进学校档案事业的科学发展，提供强有力的组织保障；学校将档案管理工作纳入职能部门、二级学院及教学部"一把手"的岗位责任制中，形成了校长领导、副校长分管，档案馆馆长负责、各二级学院及职能部门具体落实的二级管理体系。班子健全、团结协作、有较强的凝聚力和战斗力，与学校其他各项工作同步、协调、健康发展，形成了"职责分明、共同负责"的档案宏观管理机制。

2. 专兼职档案人员队伍建设

采取个人自学和集中学习的方式，学习档案管理基本理论知识，提高专业素养；积极参加四川省档案局、四川省高校档案工作协会、中国高等教育学会档案工作分会、西南高校档案工作联盟组织的学术研讨会，学习交流新形势下高校档案工作面临的问题与对策，探讨高校档案工作的新使命，寻找解决高校档案工作中实际问题的对策，开阔专职档案人员思维视野，提高档案人员业务水平。"十二五"期间，一名同志晋升副研究馆员，一名同志晋升馆员。

（八）精心查阅档案材料，积极开展档案编研工作

根据2009-2014年相关档案材料，组织编研了《组织机构沿革》《大事记》《基础数据汇编》《重要会议简介》《档案利用实例汇编》等编研材料。2015年，为迎接学校50周年校庆，彰显学校50年辉煌办学发展历程，档案馆精心查找档案素材，组织编研档案画册《春华秋实》。画册勾勒了"652工程"的孕育、四校合并转折、学校内涵发展与展望等。

二、目前档案工作存在的问题

"十二五"期间学校档案工作取得了一定的成绩，为"十三五"学校档案工作的发展奠定了良好基础，但也存在着一些问题，制约着学校档案工作

的发展；档案信息化专项经费投入不足，馆藏档案数字化工作进展缓慢；档案管理水平和档案资源开发利用水平还有待提高；专职人员存在无档案专业科班出身、学历层次不高、专业知识结构亟待更新、专兼职档案管理队伍的整体素质还有待加强；消防系统配置不合理，监控系统存隐患等。

三、"十三五"工作规划

(一)指导思想

坚持以邓小平理论、"三个代表"重要思想、科学发展观为指导，深入贯彻落实党的十八大和十八届三中、四中、五中全会精神，认真落实中共中央办公厅、国务院办公厅《关于加强和改进新形势下档案工作的意见》，紧紧围绕学校教育事业战略目标、总体规划和中心工作，充分发挥高校档案和档案工作存史、资政、育人的功能，全面提升学校档案工作的服务能力和水平，发挥档案工作服务学校教学、科研、管理以及领导决策，服务学校师生员工、历届校友，服务社会所需，以"服务、创新、发展"为主题，推动学校档案事业科学发展。

(二)发展目标

以档案资源、档案利用、档案安全三个体系建设为核心，以档案规章制度建设为基础，以服务师生、服务学校、服务社会为宗旨，大力推进学校档案管理法制化、服务利用社会化、档案资源结构多元化和档案工作信息化进程，力争经过"十三五"期间建设，使档案馆变成活的信息库、思想库，建立与学校和社会发展相适应的档案馆，并不断推进传承与展示学校悠久历史文化，弘扬学校办学理念与精神的综合性档案文化平台建设。

(三)主要任务及举措

1. 加强档案法制建设

认真贯彻执行《中华人民共和国档案法》《中华人民共和国档案法实施办法》《高等学校档案管理办法》（教育部27号令），认真落实中共中央办公厅、国务院办公厅《关于加强和改进新形势下档案工作的意见》，进一步完善学校档案管理制度，加强档案法制宣传，努力实现学校档案工作依法、规范、有序开展。

2. 加快档案信息化建设

提高档案事业经费比例，争取设立专项经费，为学校档案馆配置档案管理现代化、档案信息化所需的设备设施，在硬件上达到数字档案馆建设的条件和要求，加快档案数字化进程，建立起馆藏档案目录数据库、重要档案全文数据库和声像、照片等特殊档案的多媒体数据库，并逐步开展馆藏档案数字化、电子档案收集管理，积极实施"数字化校园环境下的档案信息化建设"，大力推进档案信息资源开发利用，逐步提高档案信息化水平。

3. 完善档案基础设施建设

按照国家档案局、教育部联合下发的《高等学校档案管理办法》（27号令）有关规定，加强档案馆基础设施建设，内部建设满足学校档案存储、保护、利用、展览等特殊需要与多元化需求，完善各项配套设施，改善档案保管条件，完善方便管理与利用的档案管理系统，配置先进的视频监控系统、恒温恒湿控制系统等，建设一个符合时代特征需求的现代化档案馆。

4. 强化档案资源体系建设

档案资源建设是档案事业发展的基石，必须常抓不懈，确保应进馆的档案依法及时接收进馆。一要进一步加强归档工作的监督指导，做好年度归档工作，实现档案资源应收尽收。二要主动参与、提前介入对学校重大事件、重要活动、重点项目等档案资料的收集工作。特别是重大事件、重要活动所形成的照片、录音、录像等声像档案的收集工作，保证专题档案及时入馆。三要加大珍贵档案的征集工作。积极面向社会、面向校友、面向师生开展形式多样的档案征集活动，将散存的一些珍贵档案、特色档案接收进馆。

5. 健全档案利用服务体系建设

围绕人才培养、科学研究和社会服务三大职能，进一步找准档案服务的定位。

从档案工作的实际出发，围绕利用这个主题，不断拓展档案利用的领域，立足学校，面向社会，积极了解学校档案的需求趋势，增强利用的主动性、预见性和前瞻性，努力把握学校工作的重点，有针对性地为学校科研、教学有目的地开展档案编研工作，为领导决策和学校各部门开展工作提供参考，拓展档案利用的广度和深度，主动为学校和社会服务，变档案馆为思想库、变死档案为活资料，充分发挥档案工作的特殊作用，在利用中体现档案工作的价值，在利用服务中赢得档案工作应有的地位，不被社会和学校边缘化。

创新服务方式和方法，不断提升档案利用服务质量。简化利用手续，进一步开展好档案服务咨询、电话预约查档、来函来电查档等多种方式，为公众获取涉及自身权益的档案信息提供便利。充分利用先进技术和网络优势，不断扩大档案信息远程服务的范围和能力，积极创造条件，逐步实现远程查阅服务，为公众提供方便快捷的服务。

6. 加强档案安全保障体系建设

牢固树立"安全第一，预防为主"的思想，确保档案安全这条档案工作的生命线。一是围绕新形势下的档案管理标准，建立健全安全管理制度措施，切实保障档案实体安全和档案信息安全。二是完善各类应急预案，提高工作人员处置突发事件的能力。三是加大档案安全硬件设施投入，建立恒温恒湿控制系统，完善视频监控系统、自动消防灭火系统。

7. 强化档案队伍建设

进一步强化档案队伍建设，更新档案管理的理念，为促进学校档案事业发展提供可靠的智力支持和人才保障。

一方面，加强专职档案队伍管理，建设学习型团队。一是继续加强业务培训与学习，推进档案人员教育培训工作，鼓励在职人员学习新技术、新知识，激发队伍活力；二是提高档案队伍创新能力和业务水平，努力打造一支业务能力强、服务水平高的档案工作队伍；三是积极争取引进1-2名档案专业人才，解决档案专业人才缺乏的问题。

另一方面，建设好兼职档案管理网络。建立培训考核机制，不断提高兼职档案员的档案意识和业务素质，建设一支热爱档案事业，责任心强，执行有力的兼职档案员队伍。

8. 注重档案开发与探索

信息时代，要使档案变成活的信息流动起来，积极开展档案资料的挖掘与编研工作，加强档案文化的研究与学习，开发一批有价值的档案文化及信息产品，使档案文化服务学校效果显著增强。

西华大学档案工作"十三五"规划

　　档案是学校事业发展历程的真实记录，是学校的宝贵财富。为促进学校档案工作全面、协调、快速、可持续发展和科学发展，使档案工作更好地服务于学校中心工作，主动地为学校领导决策，为学校各部门工作，为全校师生员工和社会提供高效、优质的服务，特编制《西华大学档案工作"十三五"规划》。

一、主要成绩

　　"十二五"期间，在学校党委和行政的正确领导下，在上级主管部门的业务指导下，在全校专兼职档案工作者的积极努力下，学校档案工作认真贯彻《中华人民共和国档案法》《高等学校档案管理办法》，深入学习中共中央办公厅、国务院办公厅《关于加强和改进新形势下档案工作的意见》，不断深化改革，积极进取，学校档案事业取得了长足发展。档案管理机构设置更加科学合理，成立了由校长担任主任、学校主要职能部门任委员的档案工作委员会，档案馆下设档案科和信息技术科；部门预立卷工作得到充实和加强；截至 2015 年年底，馆藏档案 69681 卷，其中数字化案卷 9399 卷；学生个人照片、毕业班合影以及历史老照片等共计 9262 张；实物档案 17374 件；电子档案（光盘）3616 张。库房、设备设施等硬件建设明显改善，档案干部队伍得到充实和加强，现已增至 15 人，素质结构趋于合理；档案信息化建设取得了突破性进展，数字档案馆建设正式全面启动；档案信息资源开发利用并初见成效，管理效率和服务质量明显提升；2015 年建成西华大学校史馆，校史馆已成为展示学校优良办学传统和光辉建设成就的窗口。档案馆被省档案局、省教育厅授予"四川省档案工作规范化管理一级单位""四川省高校档案工作先进集体"称号。

二、存在的突出问题

尽管"十二五"期间学校档案工作取得了一些成绩，为"十三五"学校档案工作的发展奠定了良好的基础，但随着办公自动化和数字化校园建设的不断发展，档案工作还存在一些问题和不足，也面临着新的挑战。主要表现在：现有档案馆馆舍及基础设施陈旧，存在着一定的安全隐患和不适应未来发展的需要；档案信息化、数字化建设亟待加强；档案管理水平和档案资源开发利用水平还有待提高；专兼职档案干部队伍的整体素质还有待加强，专职档案干部队伍还有待补充档案学和计算机方面的专门人才。

三、指导思想与奋斗目标

（一）指导思想

坚持邓小平理论和"三个代表"重要思想为指导，以科学发展观为统领，牢固树立"对历史负责，为现实服务，替未来着想"的理念，紧紧围绕学校《西华大学"十三五"发展规划》提出的奋斗目标，以促进学校档案事业科学发展为主题，以加快档案信息资源开发，提升服务能力为主线，以档案信息资源建设为基础，以数字档案馆建设为重点，以校史展览馆建设为契机，以档案法制规章建设为保障，始终不渝地抓好档案资源体系、档案开发利用体系和档案安全体系"三大体系"建设，不断拓展档案服务功能和领域，着力提升档案服务学校中心工作的能力，为建设省内一流、国内知名的省属重点综合性大学发挥有为作用。

（二）奋斗目标

1. 建成布局合理，功能齐全的标准化国家一级档案馆，使之成为档案安全保管基地、爱国爱校教育基地、档案利用中心、学校信息查阅中心、电子文件中心"五位一体"的档案馆，实现学校档案事业的跨越式发展。

2. 继续建好校史馆，力争实现校史馆从临时展馆搬迁至永久展馆，适时启动校史馆二期建设工程。

3. 全力推进数字档案馆建设，实现馆藏档案案卷级目录和文件级目录全部数字化，建立档案目录数据库和重要档案全文数据库；建成便捷高效的档案传输网络平台，电子文件实现网上归档和查询，其他各类档案实现网上立卷归档。

围绕上述目标，"十三五"学校档案工作的总体思路是统筹规划、分步实施、科学规范、批次推进，资源共享、优势互补，分工协作、重点突破；紧紧抓住服务这条主线，突出做好五项重点工作，落实五项保障措施。

四、主要任务及重点工作

（一）进一步加强档案信息资源建设

进一步加强档案信息资源多元化建设，持续推进部门立卷工作，依法做好档案信息资源接收的指导、检查与监督，做到电子档案与传统纸质档案同步归档。加快特色档案，特别是重大活动档案、声像档案、实物档案、口述档案的征集力度，持续推进传统档案数字化进程，不断丰富馆藏档案资源的形式和种类。加强档案信息资源建设重要性的宣传教育，不断提高师生员工对档案信息资源建设重要性的认识。

（二）进一步加强档案信息化建设

全面开展档案信息化建设，特别是数字档案馆建设。建立全校电子文件即时归档机制及定期和即时归档制度，制定《西华大学电子文件归档与管理规范》，实现网络环境下的电子文件的实时接收、归档、管理和利用，确保有价值的电子文件及时、完整、真实、有效地保存在档案馆；2016年末，完成馆藏各类档案案卷级目录和文件级目录录入任务，初步建成馆藏档案目录数据库；持续开展馆藏重要档案的数字化工作，对馆藏纸质档案资料根据其重要程度，受损情况和利用率有重点地、分期分批建立全文数据库和专门数据库；加大对建校以来反映学校建设发展、教学、科研以及社会服务等各个方面的声像资料收集力度，并随时对接收的多媒体档案信息进行著录，构建多媒体档案信息数据库；新形成的电子文件（包括声像文件）即可进行数字化转换进入电子档案数据库，数据库中的现行文件即形成现行文件中心数据库；进一步完善档案馆网站建设和档案管理系统的"收、管、存、用"功能，到2020年，形成人工服务、自主服务、远程服务相结合的多元化服务模式，为广大师生提供便捷服务。

（三）进一步加强档案信息开发利用建设

加强档案馆的各项利用设施建设，使各方面利用者能够享受舒适、便捷的服务。要制定完善的检索查询体系，做到分类准确、查阅方便、服务及时，确保各类档案的查全率、查准率和速率；要以进馆利用服务为基础，积极探索提供网上查询利用、校际互查、预约利用、档案专题利用等多种服务方式，在保证档案资源安全的情况下，逐步实现公开档案资源的共享共用；要紧紧围绕学校改革发展中重点、难点、热点问题，以校史馆建设为契机，组织专人对馆藏档案信息进行深入研究，综合加工，深度开发，建立网上校史馆，撰写档案编研成果材料，发布最新、最有价值的档案信息，主动为学校提供经过提炼的、深层次的、高质量的档案信息产品，从而进一步深化档案的文化教育功能和提升档案信息服务的能力。

（四）进一步加强档案安全体系建设

要认真落实档案防潮、防火等"八防"措施，完善各类安全保管制度，深入开展档案安全教育，强化安全防范意识和责任意识，建立档案安全防范机制，落实档案安全应急措施。切实加强档案安全工作，配置符合档案保管要求的档案库房、设备和安全防护监控设施，开展经常性安全检查，及时排除各种安全隐患。已经进行数字化的传统纸质档案尽量不提供原件利用，减少对实体档案的损伤，切实保证档案实体的安全。加强数字档案资源安全保障体系建设，在做好日常安全备份、检查的基础上，分步建设数字档案异地备份系统，逐步形成数字档案馆的安全保障体系。

（五）进一步加强专兼职档案队伍建设

扎实推进学习型、服务型、创新型"三型"机关作风建设，进一步提高档案干部队伍的政治素质和职业修养；研究制定档案干部教育激励机制，积极开展专兼职档案工作人员的学习、培训与交流，鼓励其不断提升综合素质和业务水平；加大力度引进2-3名档案专业、计算机专业等方面的人才，改善专职档案工作队伍结构，逐步形成一支专业及职称结构层次合理的专职档案工作队伍，推动学校档案工作实现跨越式发展。

五、保障措施

（一）强化依法治档

根据《中华人民共和国档案法》、教育部《高等学校档案管理办法》、《西华大学档案管理办法》的要求作加强档案规范化管理，对档案工作先进单位和人员给予表彰，对违反档案法规的行为严肃查处，努力实现"依法治馆"和"依法治档"。

（二）加强领导和投入

通过学校档案工作委员会，加强对档案工作的领导和重大事项的决策，争取在制度建设、人员配备、仪器设备、基础设施、经费投入等方面获得更大的保障，使档案工作的发展与学校各项工作发展同步。

（三）做好宣传工作

要围绕学校建设发展大局和档案工作实际，充分利用各种渠道和方式大力宣传档案法规和档案工作中有特色的好思路、好方法、新成果，扩大档案工作的影响，不断增强师生员工的档案意识，提高全校干部师生对档案和档案利用价值的认同感和重视度。

（四）加速档案信息化

加大档案信息化建设的力度，把档案信息化建设纳入学校信息化建设的总体规划，争取学校政策支持和资金支持，加快制定档案信息化建设规定及标准，将档案信息资源建设与信息资源开发利用和数字校园建设结合起来。

（五）加强档案队伍建设和业务培训

加大力度引进2-3名档案专业、计算机专业等方面的人才；多方面地开展档案专业培训，提高档案队伍的业务素质，有计划地培养一批档案业务骨干和档案学科带头人，与学校档案工作建设发展相适应，建设具有档案学、计算机科学、情报学、历史学、艺术设计等各类专业人才和综合实力的创新团队。

四川农业大学档案工作"十三五"规划

　　"十二五"期间，我校档案馆在学校领导高度重视和正确领导下，在省档案局的悉心指导下，深入贯彻落实科学发展观，紧紧围绕"对学校历史尽责，为学校发展服务"的宗旨，认真贯彻执行《中华人民共和国档案法》《高等学校档案管理办法》等法规精神，不断加强档案的管理与服务，在档案管理体制和档案制度、档案业务和档案信息化建设、档案安全、档案服务和档案开发利用等各方面取得了一定成绩。

一、发展现状

　　"十二五"期间我校把由原校办公室管理的综合档案室独立建馆成立了四川农业大学档案馆，工作人员也由原来的 3 人，增加到现在的 8 人，馆舍面积也比原来有所增加。到目前为止，我馆已基本完成了建馆之初的近期规划：修订完善了原有规章制度，并根据实际情况增加了部分管理制度，如实物档案的管理制度等，编制了《兼职档案员手册》，建立完善了兼职档案员制度以及兼职档案员培训制度；实现了档案馆信息化、自动化、数字化从无到有的跨越，建立了档案馆门户网站；加大档案宣传力度，推出了档案宣传专栏，举办首次档案专题展览，印制宣传手册等；在档案收集方面，设备档案从无到有并一步到位全部数字化，方便查询检索；加大声像档案收集与征集力度，尤其是老照片的收集有了很大进度；针对突发事件如 2013 年的"4·20"地震档案的及时进行收集；构建了名人档案征集制度等；档案馆的安全设施上了一个台阶，安装了档案影像监控系统和火灾报警系统。档案馆在学校的影响力明显增加。2013 年学校通过四川省档案局执法检查；2013 年荣获全省档案先进工作集体，2015 年档案馆荣获全省高等学校档案业务知识竞赛组织工作一等奖及 2015 年度全省档案宣传工作先进单位。

　　"十二五"期间档案工作取得的成绩，为"十三五"档案工作科学发展奠定了良好的基础。同时,我们也清醒地看到,我校档案工作发展还存在不少的问题和困难。主要是:档案信息资源的开发利用水平不高;档案信息化建设和档案基础业务工作有待进一步加强;档案用房紧张不能满足学校发展需要;档案人才结构和队伍的数量及整体素质还不能完全适应档案工作发展的需要。只有解决好这些问题,档案工作才能全面协调可持续发展。

二、发展规划

为完成新形势赋予档案工作的新任务,根据中共中央办公厅、国务院办公厅《关于加强和改进新形势下档案工作的意见》、中共四川省委办公厅、四川省人民政府办公厅《关于进一步加强和改进新形势下档案工作的实施意见》的要求,特制定"十三五"(2016—2020 年)期间我校档案工作发展规划纲要。

(一)指导思想

以邓小平理论、"三个代表"重要思想、科学发展观为指导,深入贯彻习近平总书记系列重要讲话精神,认真落实党的十八大和十八届四中、五中全会以及中办、国办《关于加强和改进新形势下档案工作的意见》精神,进一步加强和改进新形势下我校档案工作,进一步完善档案工作体制机制,加大对档案工作的支持保障力度,推动学校档案事业科学发展,为全面提升学校内涵发展做出新贡献。

(二)总体目标

积极争取学校领导的支持,将档案工作纳入学校"十三五"发展规划,使档案工作"十三五"规划有政策、物力、财力和人力的支持和保障。建立与学校发展相适应的档案工作机制与体制;进一步丰富优化馆藏、确保档案应归尽归,逐步实现馆藏档案资源优化配置;加强安全保障能力建设、确保档案安全保管;加快推进档案信息化和数字档案馆建设,初步实现馆藏档案信息化;优化档案人才结构和提高档案队伍整体素质,加大对档案队伍的培训力度,提高档案队伍对档案的开发、利用、编研能力。

(三)主要任务

1. 完善档案制度建设

完善档案管理制度建设,提高依法治档水平。档案是规范管理的基础,档案管理必须有章可循,档案征集必须执行有力。"十三五"期间在重点落实《四川农业大学档案管理办法》基础上，进一步同各部门各单位沟通合作，按部门和单位确定各类档案的收集范围和保管期限，保证各类档案的准确性、真实性和完整性，通过档案工作这一抓手，来促进校内单位对档案的规范管理。

2. 加快档案室硬件建设

由于我校综合档案室目前位于学校艺体学院二楼，就发展空间和档案安全而言，还需要进一步改善。"十三五"期间，力争学校对档案室硬件进行提升，建成符合档案管理标准的库房和办公场所。加强档案馆基础设施建设，按照档案馆"四位一体"功能要求和《档案馆建筑设计规范》进行场馆规划，完善各项配套设施，改善档案保管条件。

3. 夯实档案基础业务工作

（1）扩大档案收集范围，建立特色档案，改善档案收藏结构。在"十三五"期间，加强档案收集指导工作，更加注重校史、科研档案收集。结合实际需求，加强对四川农业大学各个时期的有重要参考及凭证价值档案和重大活动、重大事件、重点工程等档案的收集；加强特色珍贵档案建设，有重点、有计划地征集散失在社会、校友手中的珍贵档案；继续做好名人档案、实物档案和声像档案、照片档案等多媒体特色档案的征集归档工作，丰富馆藏。

（2）做好基础业务建设。加强档案的整理、编目、保管、保护等档案馆业务工作，开展馆藏珍贵档案价值鉴定，做好重要档案的抢救工作，完善档案检索体系，加快档案开放进度，提高档案的利用率，更好地维护档案资源的真实价值和信誉，服务教学科研，服务师生员工，服务社会民众。

（3）提升档案编研水平。通过档案资料编研，出一批编研成果。鼓励专兼职档案员积极开展编研工作，既要"编"更要"研"，主动服务学校建设发展和广大师生员工需求，更好地体现档案工作的内在价值。

4. 加强档案安全管理

（1）设备保障档案安全。为保证档案安全，充分利用学校为综合档案室配备的适宜档案工作需要的各种硬件设施，包括：空调、除湿机、消毒机、吸尘器、避光窗帘、消防灭火器、红外线防盗报警装置，做到定期查库，按时登记。

（2）制度保障档案安全。为加强档案安全管理，以《档案库房管理制度》为基础，定期检查档案库房各类设备运行状况，及时更换消防器材和防虫剂，认真做好库房温湿度记录，严格执行档案进出库登记制度，坚持做到档案收集有登记、查阅有手续、借阅需审批。杜绝任何档案安全事故的发生。

5. 加强档案队伍建设

（1）打造一支过硬的专业档案员队伍。加强馆内部规范管理，建立合理的管理架构，明确岗位责任，加大业务培训力度，建设学习型团队，打造一支专业结构合理、爱岗敬业、富有创新精神的专职档案员队伍。

（2）建设好兼职档案员管理网络。建立培训考核和表彰处罚机制，不断提高各单位分管档案领导的档案意识和兼职档案员的业务素质，建设一支热爱档案事业，责任心强，执行有力的兼职档案员队伍。

6. 推进档案信息化建设

（1）完善档案信息门户网站建设。力争网站栏目合理，内容丰富，更新及时，基本能够满足社会各界、师生员工和利用者对档案网上信息的需求。至"十三五"末期，完善学校档案信息平台和公共利用服务平台。

（2）继续推进学校档案馆藏数字化建设，包括档案目录数据库建设、档案全文数据库建设和多媒体档案数据库建设，分期分批对历史档案进行数字化加工，力争在"十三五"末期全面实现重要历史纸质档案数字化，增量档案纸质电子一体化归档。

（四）保障措施

1. 立足改革创新

自觉地以马列主义、毛泽东思想、邓小平理论、"三个代表"重要思想及科学发展观武装头脑并实际运用到自己的工作中去，工作上用心用脑用力，时刻意识到档案工作的重要性，通过档案工作创新，促进管理创新，不断拓展档案工作的服务内涵。

2. 强化依法治档

根据《中华人民共和国档案法》、教育部《高等学校档案管理办法》、《四川农业大学档案制度汇编》的要求，加强档案规范化管理，对档案工作先进单位和个人给予表彰，对违反档案法规的行为进行处理。

3. 加大资金投入

加大对档案工作的经费投入，力争学校为档案各项业务的开展提供年度预算经费保障，使档案事业的发展与学校各项事业发展同步。

4. 建设档案队伍

多方面的开展档案专业培训，提高档案队伍的业务素质，有计划地培养一批档案业务骨干和档案学科带头人,建设综合实力强的创新团队。

5. 做好档案工作宣传

大力宣传档案法规,强化全校师生员工档案意识,做到档案工作"三纳入、四同步"。坚持档案为学校教学科研管理服务、为学校内涵建设服务、为构建社会主义和谐社会服务和为全面建设小康社会服务。

6. 加速档案信息化

把档案信息化纳入学校信息化建设的总体规划,争取校内各单位的政策支持和资金支持,将档案信息资源建设与信息资源开发利用工作和建设结合起来。

西昌学院档案工作"十三五"规划

"十三五"时期（2016—2020 年）是全面深化改革、全面推进依法治国、全面建成小康社会的关键时期，也是学校进一步提升内涵、强化特色、全面推进整体转型、实现跨越式发展的关键时期。为深入贯彻落实中共中央办公厅、国务院办公厅《关于加强和改进新形势下档案工作的意见》及省委办公厅、省政府办公厅《关于进一步加强和改进新形势下档案工作的实施意见》精神，结合学校实际，制定西昌学院档案工作"十三五"规划。

一、"十二五"时期学校档案工作的主要成绩

我校档案事业发展"十二五"规划的总体目标基本实现，各项任务基本完成。"十二五"期间，学校进一步建立健全了档案管理体制机制，坚持统一领导、分级管理，成立了档案馆。档案工作"三个体系"建设初步形成，各级各类人员的档案意识有所增强，档案安全保密工作得到进一步加强，档案管理工作整体水平逐步提升。特别是注重对"康专"等历史档案的收集、整理，建立了档案特藏室，对重要、珍贵档案进行特藏保管。积极为利用者提供无偿服务，编研"康专图鉴""校史""大事记"等资料，参与校史馆建设，档案利用向深度和广度不断拓展。"康专图鉴"曾获凉山州政府哲学社科优秀科研成果"一等奖"，学校被凉山州委、州政府评为"档案工作先进集体"。

二、当前学校档案工作存在的主要问题

学校档案现分五个全宗，有档案、图书、资料等 3 万余卷（册）。档案工作越来越受到社会关注，学校领导高度重视档案工作，但学校档案事业的发展仍面临诸多困难，主要表现在：

1. 有的单位档案意识薄弱。部分领导和兼职档案人员对档案工作不够

重视，归档不齐全，档案整理不规范。

2. 档案载体单一，特色不鲜明，不能适应日益多样化的档案利用需要。馆藏结构呈现出"一多两少"即："一多"纸质档案多，主要集中在文书、教学、财会类档案；"两少"：一是实物档案少，尤其是荣誉性、纪念性实物馆藏少；二是声像档案少。

3. 档案馆馆舍面积小，目前档案馆总面积400余平方米。库房条件相对较差，未安装密集档案柜等，容量不足。

4. 档案馆信息化建设滞后。档案全文数字化工作未启动，许多历史档案亟待进行数字化处理。

5. 档案专职人员数量不足，知识结构、年龄结构不合理，高学历的档案专业、信息专业人才缺乏。

存在上述问题的主要原因是：思想上对档案工作重要性认识不足，对档案工作重视不够；人力资源和经费未得到同步发展，档案专职人员少，档案业务经费不足；对如何运用信息化手段来创新档案工作认识不足，措施不力。

三、学校档案工作"十三五"的发展目标和具体措施

（一）指导思想

以邓小平理论、"三个代表"重要思想、科学发展观和习近平总书记系列重要讲话为指导，全面贯彻落实党的十八大和十八届三中、四中、五中全会精神，紧紧围绕协调推进"四个全面"战略布局，以创新、协调、绿色、开放、共享发展理念为引领，结合学校"整体转型、重点突破"的发展战略，积极履行"为党管档、为国守史、为民服务"的职责，切实践行"对历史负责、为现实服务、替未来着想"的使命，立足自身实际，统筹兼顾，协调发展，全面推进学校档案事业再上新台阶，为更好地服务学校、服务师生、服务社会做出积极贡献。

（二）发展目标

大力推进学校档案管理法制化、服务利用社会化、档案资源结构多元化和档案工作信息化进程，经过"十三五"期间建设，把西昌学院档案馆建设成馆舍先进、功能完善、馆藏丰富、管理规范、服务便捷的档案保管基地和信息服务中心。

（三）发展措施

1. 完善档案制度建设

完善档案管理制度建设，提高依法治档水平。"十三五"期间在重点落实中共中央办公厅、国务院办公厅《关于加强和改进新形势下档案工作的意见》，省委办公厅、省政府办公厅《关于进一步加强和改进新形势下档案工作的实施意见》基础上，进一步健全学校档案制度管理体系，并将档案管理工作纳入各职能部门、二级学院的整体评估体系中。

2. 加快档案馆硬件建设

加强档案馆基础设施建设，按照档案馆"五位一体"功能的要求和《档案馆建筑设计规范》，在北校区建成面积 2000 平方米左右的标准档案馆，并完善各项配套设施，改善档案保管条件。

3. 搞好档案基础业务工作

（1）实现档案资源多元化。扩大档案收集范围，建立特色档案，改善档案收藏结构。在建档工作全面覆盖、档案收集齐全完整的基础上，更加重视新领域、新载体档案的应归尽归、应收尽收。加强对学校各个时期的有重要参考及凭证价值档案和重大活动、重大事件、重点工程等档案的收集；加强特色珍贵档案建设，有重点、有计划地征集散失在社会上的珍贵档案；进一步做好名人档案、实物档案和声像档案等多媒体特色档案的征集归档工作，丰富校史馆藏。

（2）做好基础业务建设。加强档案的整理、编目、保管、保护等档案馆业务工作，做好重要档案的抢救工作，完善档案检索体系，加快档案开放进度，提高档案的利用率，更好地维护档案资源的真实价值和信誉，服务教学科研，服务师生员工，服务社会大众。

（3）加强对馆藏档案的编研，提高学校的历史文化品位。通过对"康专"等历史档案的深入挖掘，出一些编研成果。

4. 推进档案信息化建设

（1）充分利用学校校园网平台，建立并完善档案信息门户网站，搭建学校档案信息平台，并与学校的数据中心进行对接，利用学校的办公自动化系统、人事管理系统、财务管理系统、教务管理系统、学工系统、校友系统以及校园信息门户等应用系统，实现在线实时接受电子档案文件，最终实现学籍档案、人事档案、办公档案等的自动归档，实现数据无缝连接。

（2）全面启动学校网上校史馆和学校档案馆藏文献的数字化建设。一是利用现代信息技术对现有校史馆进行改造，并建立学校的网上校史馆；二是对原有档案进行档案目录数据库建设、档案全文数据库建设和多媒体档案数据库建设，分期分批对历史档案进行数字化加工，全面实现纸质档案数字化，增量档案纸质电子一体化归档。

5. 加强档案安全保密工作

从档案实体安全和信息安全两个维度入手，切实改善档案安全基础条件，加快档案馆库建设，消除"危房馆"现象，建立健全人防、物防、技防"三位一体"的档案安全防范体系，做好数据安全、网络安全、数据加工过程安全以及保密工作。

6. 加强档案队伍建设

（1）打造一支过硬的专业档案员队伍。加强馆内规范管理，建立合理的管理架构，明确岗位责任，加大业务培训力度，建设学习型团队，打造一支专业结构合理、爱岗敬业、富有创新精神的专职档案员队伍。"十三五"期间至少引进1-2名档案专业硕士或者副高以上档案专业技术人才，1名计算机专业类硕士。

（2）建设好兼职档案管理网络。建立培训考核和表彰处罚机制，不断提高各单位分管档案领导的档案意识和兼职档案员的业务素质，建设一支热爱档案事业，责任心强，执行有力的兼职档案员队伍。

7. 夯实学校校史馆陈列

不断为夯实校史馆陈列做好材料展品收集和准备，建立网上校史馆，使之成为追溯历史、宣传当代、展望未来的窗口，成为教职工爱岗敬业、学生励志成才、校友回味历史的爱国爱校教育基地。

8. 档案的编研开发有明显成果

发挥好档案馆"五位一体"功能的作用，充分挖掘馆藏档案珍品，举办有影响、高质量的档案展览，出版有价值、高品位的档案文化产品。做好档案利用工作，提高服务质量，最大限度地满足社会各界和人民群众的需求。

（四）保障措施

1. 立足改革创新

自觉地以马列主义、毛泽东思想、邓小平理论、"三个代表"重要思想、科学发展观以及习近平总书记系列重要讲话武装头脑并实际运用到自己的工作中去，工作上用心用脑用力，时刻意识到档案工作的重要性，通过档案工作创新，促进管理创新，不断拓展档案工作的服务内涵。

2. 强化依法治档

根据《中华人民共和国档案法》《高等学校档案管理办法》《四川省〈高等学校档案管理办法〉实施细则》《西昌学院档案管理办法》等要求，依法依规治档，加强档案规范化管理，对档案工作先进单位和个人给予表彰，对违反档案法规的行为严肃查处。

3. 加大资金投入

将档案馆在数字化、档案资料收集、抢救保护、安全保密、提供利用、整理编纂、陈列展览、设备购置和运行维护等方面经费列入本年度同级财政预算，使档案事业的发展与学校各项事业发展同步。

4. 提升队伍素质

多方面地开展档案专业培训，提高档案队伍的业务素质，有计划地培养一批档案业务骨干，与学校档案事业建设发展相适应，建设具有档案学、历史学、计算机软件、临摹装裱等专业人才和综合实力的创新团队。关心档案干部成长，切实帮助他们解决各种实际问题和后顾之忧。

5. 强化档案宣传

大力宣传档案法规、档案知识，强化全校师生员工档案意识，做到档案工作"三纳入、四同步"。坚持档案为学校教学科研管理服务，为学校全面转型发展及内涵建设服务，为构建和谐社会和全面建成小康服务。

6. 加快档案信息化

把档案信息化纳入学校信息化建设的总体规划，将档案信息资源建设与信息资源开发利用工作和建设结合起来，利用信息技术，搭建网上校史馆，逐步实现馆藏档案存储数字化，管理现代化。

（五）档案事业"十三五"建设项目

1. 西昌学院档案馆

按照档案馆"五位一体"功能的要求和《档案馆建筑设计规范》，在北校区建设2000平方米左右的档案馆，完善配套设施，使之成为面积达标、设施完善、功能齐全、安全保密、服务便捷、节能环保的现代化档案馆。

项目建设资金：校内专项建设经费。

实施时间：2020年前全部完工交付使用。

2. 西昌学院档案信息网

利用学校的站群系统建立档案信息门户，栏目规划结合学校特色，尽可能提供丰富的信息内容，满足社会各界和师生对档案信息的需求。

项目建设资金：列入当年档案工作的业务费。

实施时间：2017 年开始启用，不断丰富完善。

3. 馆藏档案数据库

启动全校业务档案数据库建设，包括档案目录数据库建设、档案全文数据库建设和多媒体档案数据库建设。

项目建设资金：由学校申请专项经费。

实施时间：2016 年开始，力争 2020 年前完成。

4. 校史及校史馆

广泛征集和收集校史档案资料实物，组建专兼职校史编研队伍，开展校史资料收集和编研活动，建设网上校史馆，出版校史研究书籍和文艺作品，为西昌学院校史馆陈列展配套做好工作。

项目建设资金：校史资料征集编研经费列入每年档案工作的业务费、校史陈展建设申请专项经费。

实施时间：2016 年启动，作为今后日常工作。

西南医科大学档案工作"十三五"发展规划

一、"十二五"期间取得的主要成绩及面临的问题

（一）取得的主要成绩

"十二五"期间，在上级主管部门和学校领导的关怀下，学校档案机构完成了档案科向档案馆的转变。机构独立出来后，档案工作者更加团结奋进，积极进取，深入贯彻落实科学发展观，学校档案工作迈上了一个新的台阶。档案馆首先抓思想建设，统一认识，明确目标，完善制度，按照《四川省高等学校档案工作规范化管理考核标准》的要求，加强在组织管理、基础业务、基础设施设备、开发利用等方面的建设。建立并完善了学校档案工作管理网络，加强档案资源建设，主动下部门开展档案业务交流，档案归档数量比"十二五"末增加35％；不断提升档案利用服务水平，加强档案文化建设，档案利用率不断提高；注重档案安全保管，安装防盗窗，坚持开展"八防"检查，注意档案保密工作，档案得到安全保管和利用。目前，学校全面档案信息化建设已着手准备，档案新馆建设已纳入学校总体规划并即将开建。此外，档案馆还开展了实物档案征集、校园建筑及影像图集、档案照片墙、破损珍贵字画抢救等专项工作，圆满完成了"十二五"各项工作任务。

（二）面临的主要问题

1. 学校各部门的分管档案工作领导和兼职档案人员档案意识参差不齐，兼职档案人员业务水平还有待提高。

2. 机构和人员配备不够，目前档案馆只下设一个馆办公室，3名工作人员，忙于应付日常事务，影响了开创性工作的开展。

二、"十三五"发展目标和具体措施

（一）指导思想

高举中国特色社会主义伟大旗帜，以邓小平理论和"三个代表"重要思想、科学发展观为指导，深入贯彻党的十八大及十八届三中、四中、五中全会和省委十届五次、六次、七次全会精神，以我校中长期教育改革和发展规划纲要（2013-2020 年）和中共四川省委办公厅、四川省人民政府办公厅印发的《关于进一步加强和改进新形势下档案工作的实施意见》（川委办〔2015〕2 号）文件为指导，本着留住历史，服务现在，着眼未来的档案理念，围绕建设特色鲜明的高水平医科大学目标，创造性开展工作，努力提升档案服务实践、服务学校工作大局的能力，努力探索档案工作发展的新思路、新方法，迎挑战，迎机遇，推动我校档案工作实现新跨越。

（二）总体目标

继续按照《四川省高等学校档案工作规范化管理考核标准》的要求，进一步加强学校档案工作的组织管理、基础业务、基础设施设备、开发利用等方面的建设，力争在"十三五"期间，把学校档案馆建设成管理规范、馆藏丰富、馆舍先进、功能完善、利用方便的档案信息服务中心，使我校档案工作达到四川省高等学校档案规范化管理二级及以上标准。

（三）具体措施

1. 进一步完善档案工作体制及制度

坚持并不断完善学校档案工作由档案馆归口负责、各部门共同参与的档案工作体制，加强档案管理网络功能，确保分工明确、各司其职，密切配合、形成合力，促进学校档案工作协调发展。在"十三五"期间重点修订《西南医科大学档案管理办法》等规章制度，进一步加强同学校各部门的沟通合作，与时俱进，更新各类档案的收集范围和保管期限，保证各类档案归档的准确性、真实性和完整性。

2. 加强档案基础业务建设，丰富馆藏资源

（1）加大档案收集力度。继续按照国家相关法律法规，加强对档案收集整理工作的监督指导，依法履行文件材料收集、整理、归档职责，督促各部门按规定向档案馆移交各种载体和门类的档案，做到应归尽归、应收尽收。严格执行相关档案工作制度，督促各部门把部门工作与档案工作同部署、同

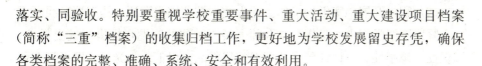

落实、同验收。特别要重视学校重要事件、重大活动、重大建设项目档案（简称"三重"档案）的收集归档工作，更好地为学校发展留史存凭，确保各类档案的完整、准确、系统、安全和有效利用。

（2）继续开展实物档案征集专项工作。为丰富我校校史文化和馆藏资源，弘扬我校精神，档案馆在"十二五"期间开始面向全社会开展档案征集专项活动，不断加大实物档案征集力度，扩大宣传面，通过开展网络宣传、面对面宣传、上门走访、电话联系等方式，征集到部分非常珍贵的实物档案。"十三五"期间，档案馆将继续加大力度开展档案征集工作，争取征集到更多更有意义的实物档案，不断丰富馆藏资源，优化馆藏结构。

3. 加强档案安全建设，确保档案安全

（1）把档案安全工作列入重要议事曰程，注重档案的保密及信息安全。严格执行学校档案借阅和利用规定，做好档案内容的保密及管理工作，保证档案安全利用。经常开展档案安全保密自查，严防档案损毁和失泄密事件发生。严格执行学校和档案馆灾害应急预案，确保档案受到危害时得到优先抢救和妥善处置，把损失降到最低限度。

（2）严格做好档案"八防"工作。继续加强对库房的规范化管理，严格实行"八防"（即防盗、防光、防高温、防火、防潮、防尘、防鼠、防虫）制度和库房责任人制度，每天安排专人负责库房温湿度的调节和记录，进行"八防"检查，每逢较长节假日邀请保卫处工作人员对消防设施设备进行检查，遇到问题及时处理，在现有条件下最大限度优化档案保管环境，延长档案寿命。

（3）注重电子档案信息安全。建立健全并严格执行电子档案安全保密管理制度，对上传的电子档案进行严格审查，严防将涉密档案传输到非涉密网络。加强对涉密信息系统、涉密计算机和涉密载体的安全保密管理。加强电子档案管理监督指导，提高电子档案长期安全保存水平。对重要的档案数据库实行多备份保管，甚至是采取异地保管，确保学校重要档案安全。

4. 进一步提升档案利用服务水平

（1）做好查阅接待工作。按照以人为本、服务为先的理念，进一步完善接待制度，改善接待条件，拓展服务领域，提高服务质量，最大限度地满足师生员工及社会民众对档案利用的需求。严格执行查档无假日制度，进一步深化电话预约、假日预约、信函代查、网上查询等多种方式，为利用者提供热情周到、方便快捷的档案查阅接待服务。

（2）积极开展档案编研工作。深入挖掘馆藏档案资源，提高档案编研质量，紧紧围绕学校中心工作，结合师生员工关注的问题，推出一批史料性、知识性、思想性、可读性较强的档案编研作品，以汇编、光盘、展板等多种形式展示出来。同时，加强声像档案的编研工作，丰富档案展示形式，扩大档案工作的社会影响力，更好地为学校各项工作服务。

5．加强基础设施设备建设

（1）做好档案馆舍建设。抓住学校修建新档案馆的契机，按照国家最新印发的《档案馆建筑设计规范》和《档案馆建设标准》的要求，继续调研省内通过档案馆一级达标的高校，走访地方档案局档案馆建设专家，做好新建档案馆布局、构造、内部设计等相关准备工作。同时，加强与学校基建部门的沟通与合作，确保学校新建的档案馆是一座面积达标、功能齐全、设备先进，具有安全保管能力和公共服务能力的新型、综合、开放的档案馆，其规模至少满足今后 30 年进馆档案保管的需求。

（2）加强配套设施设备建设。新馆建成后，不仅要配套电脑、打印机、复印机、空调等常用办公设备，还要配备扫描仪、消毒柜、防磁柜、碎纸机、除湿机、吸尘器、自动装订机等档案工作专用设备。同时，安装防盗门窗、防晒窗帘、监控设备设施，保障档案安全。

6．加强档案信息化建设

（1）全面启动学校档案信息化建设。购买网络档案管理系统，使之与学校统一信息门户平台集成，通过校园网络，实现电子档案的在线上传、审核、接收、归档、查阅、借阅、鉴定销毁等流程。除了新接收的档案实现数字化归档、保管和利用外，档案馆还计划开展馆藏已有档案目录数据库和档案全文数据库建设，分期分批对历史档案进行数字化加工，力争在"十三五"末期实现重要历史纸质档案数字化。

（2）进一步完善档案馆信息门户网页建设。利用校园网络平台，打造档案信息宣传网络阵地。力争在"十三五"期间将档案网页建设成栏目合理，内容丰富，更新及时，能够满足师生员工及社会各界档案利用者对网络档案信息的需求。

7．加强人才队伍建设

（1）打造一支过硬的专业档案管理人员队伍。加强档案馆内部规范管理，建立合理的管理架构，明确岗位职责，强化档案干部上岗教育、继续教育和业务培训，不断提高档案干部人才队伍综合素质，努力造就一支政治过硬、纪律严明、作风优良、业务精熟、充满活力的档案干部人才队伍。加大业务培训力度，建设学习型团队，打造一支专业结构合理，爱岗敬业，富有创新精神的专职档案员队伍。

（2）建设好全校档案管理网络。在全校各部门确立分管档案工作负责人和兼职档案人员，继续执行培训、考核和表彰处罚机制，不断提高各部门分管档案领导的档案意识和兼职档案员的业务素质，建设一支热爱档案工作，责任心强，执行有力的兼职档案员队伍。

（3）加强档案科研工作。充分发挥高校科学技术研究优势，开展前瞻性、创新性、实用性的档案科学研究，进一步提高档案工作者的业务能力和科研水平。

8. 加强档案法治建设

认真学习和贯彻落实《中华人民共和国档案法》等档案法律法规，切实提高档案馆依法治档的能力。利用档案站网页、召开档案工作会议、学校微信平台等方式加强档案法制宣传，深入学习宣传贯彻档案法律法规，切实增强全社会档案法治意识。深入推进档案工作规范化管理，实施制度化监督指导。围绕建设特色鲜明的高水平医科大学目标，不断完善学校档案管理制度。加大档案行政执法力度，依法严肃查处各类档案违纪违法事件。

9. 紧紧围绕学校中心工作，圆满完成学校及上级主管部门交办的各项任务。

成都中医药大学档案事业发展"十三五"规划

为推进我校档案事业全面协调发展，使档案工作在为学校改革发展稳定服务中发挥更大作用，特制定成都中医药大学档案事业发展"十三五"规划。

一、指导思想

在学校党委、行政的领导下，以科学发展观统领学校档案事业发展全局，紧紧围绕学校的中心工作，以档案规范化管理和档案信息化建设为重点，立足档案材料的收集整理，加强档案资源建设，加强档案基础业务建设，坚持依法治档，强化开发利用，促进档案事业全面、协调和可持续发展，为学校改革发展稳定提供优质服务。

二、总体目标

大力推进学校档案管理规范化、服务利用社会化、档案资源结构多元化和档案工作信息化进程，力争经过"十三五"期间建设，把成都中医药大学档案馆建设成为馆舍达标、功能齐全、馆藏丰富、管理规范、利用方便的档案信息服务中心。

三、"十二五"取得的成绩及面临的困难

（一）"十二五"取得的成绩

我校档案事业发展"十二五"规划的总体目标基本实现，各项任务基本完成，特别是近两年加强档案收集力度，对往年未交档案进行了督促补交，目前学校各类档案大部分已归档，保障了校内各单位、师生和社会对档案利用的基本需求，档案数字化和信息化建设已经开始启动，档案管理制度建设、档案利用规范管理、全馆综合治理和消防工作取得了一定成绩。

1. 档案管理网络进一步健全，档案管理水平逐步提升。

"十二五"期间档案馆先后多次对学校各个部门和学院分管档案工作的领导以及兼职档案人员重新进行了确认和统计，目前共计有 90 名专兼职档案人员，形成了一支较为稳定的档案队伍。

"十二五期间"档案馆加强对学校各单位和部门业务指导的力度，先后多次采取集中培训、上门指导等方式推进部门立卷制度的执行，2015 年学校明确将档案管理纳入各个部门和学院目标考核的范畴，与单位年底考核与绩效直接挂钩，使得档案管理各项目标真正落到实处。2013 年四川省档案局对我校档案工作进行了执法检查，根据检查反馈意见学校积极进行整改，档案规范化管理水平进一步提升。

2. 档案基础工作进一步夯实，档案数量和种类明显增多。

"十二五"期间档案馆针对档案归档不齐问题加强了档案收集力度。一方面对以往未归档案进行了督促和补交；另一方面出台了学校各部门立卷归档范围，并将归档工作纳入到部门目标考核范围；此外加强了电子文件收集的力度，以利用频繁的教学档案为突破口加大电子档案收集力度。2015 年档案数字化工作力度加大，已经着手党群、行政以及教学档案的数字化工作，共计扫描文件 7991 份。为方便档案查阅，将原卫干院和原人南校区的部分老档案录入档案管理系统，共 980 卷，14082 份文件。

3. 档案利用形式进一步拓展，档案服务水平和质量上了新的台阶。

"十二五"期间档案馆积极开展多种形式的档案利用服务。除利用者上门利用档案外，还通过电话、电子邮件、传真、档案网站以及快递等形式为校内外用户提供优质服务。此外，档案编研工作取得了一定实效。"十二五"期间编写了《成都中医药大学档案工作制度汇编》《处级以上行政领导干部任免情况一览表》《党委、党支部领导干部任免情况一览表》《教职工高级职称任职资格情况一览表》《科研课题成果汇编》《校级发文一览表》等介绍性、汇编性、通用性的编研成果。

4. 规范管理、安全至上，规范库房建设，保障档案安全。

"十二五"期间重新排列组合了铁皮档案柜，进行了统一编号，保证了库房的整洁卫生。认真做好档案"八防"工作，坚持做好温湿度记录及湿度调控工作。定期检查档案保管情况，经常核对档案资料，做好记录，严格执行档案保管、保护措施，最大限度地延长档案寿命。

（二）存在问题

"十二五"期间我校档案工作取得了较大成绩，但同时还存在下列问题，主要表现在：

1. 有的单位档案意识不强。主要表现在对档案归档工作不重视，归档门类不齐全，档案整理不规范。加上档案馆自身监督力度不够，形成的档案内容欠缺，有的重要档案材料未能按时入馆。

2. 我校档案载体较为单一，特色不够鲜明，不能适应日益多样化的档案利用需求。馆藏结构呈现出"一多三少"即：纸质档案多，实物档案少，声像档案少，电子档案少。

3. 档案馆馆舍面积小，库房面积小，已经严重影响我校档案事业发展。目前原卫生管理学院和生殖管理学院的档案还在原校区，十二桥校区档案库房已经严重不足，档案分散的现状一方面不利于档案安全保管，另一方面也不便于利用者利用。

4. 档案信息化建设滞后。目前我校档案信息化工作滞后，档案数据库管理以目录为主，档案数字化工作近两年已开展，但进程还比较缓慢。

5. 档案馆人员数量严重不足，年龄结构不够合理，档案专业和信息专业人才缺乏。

四、"十三五"发展规划

（一）完善档案制度建设

档案制度建设是档案规范化管理的基础。"十三五"期间，我馆将进一步加强同各部门各单位沟通合作，制定和修改各类档案规章制度，明确各部门和档案工作人员的职责和任务，使各单位对文件材料的形成、积累、收集、整理有据可依，充分发挥和调动档案工作人员的积极性。进一步加大档案业务指导力度，组织实施档案法制宣传教育，提高全校档案法制意识。

（二）加强档案基础设施建设

目前档案馆馆舍简陋，库房面积严重不足已经成为遏制我校档案事业发展的瓶颈。"十三五"期间，根据学校部署和安排，完善各项配套设施，改善档案保管条件，建成能满足工作需求、基本符合档案库房要求的档案馆。

（三）夯实档案基础业务工作

1. 扩大档案收集范围，丰富馆藏资源，改善馆藏结构。目前我校各部门档案归档不齐问题还比较突出，结合学校目标管理我们将加大档案收集力度，注重名人档案、实物档案、声像档案、电子档案的收集和征集，丰富学校馆藏资源，确保各类档案收集齐全。

2. 做好档案基础业务建设。强化档案整理、编目、保管、统计等基础业务工作，完善档案检索体系，提高档案利用效率，为全校师生员工和社会各界服好务。

3. 加强对馆藏档案的编研，提高学校的历史文化品位。通过档案资料编研，为学校文化传播和校史研究发挥档案资源的独特优势。

（四）加强档案队伍建设

加强档案馆内部规范建设，完善管理架构，明确岗位责任。积极引进档案专业和计算机信息技术专业人才，重视对现有专兼职档案工作人员的继续教育和培训，形成一支爱岗敬业、整体素质优良的档案工作队伍。

（五）推进档案信息化建设

1. 完善档案信息门户网站建设。力争网站栏目合理，内容丰富，更新及时，基本能够满足社会各界、师生员工和利用者对档案网上信息的需求。

2. 将档案工作信息化纳入学校档案信息化之中，确保学校实现无纸化办公前提下做到电子档案的在线归档。

3. 全面启动馆藏档案数字化建设，包括档案目录数据库建设、档案全文数据库建设和多媒体档案数据库建设，分期分批对馆藏档案进行数字化加工，在学校财力允许的情况下通过外包方式力争在"十三五"末期党群、行政及教学三类档案数字化率达100％。如依靠档案馆自身力量进行档案数字化工作力争党群、行政、教学档案数字化率达30％。

（六）建立功能齐全的档案利用服务体系

档案利用工作是档案工作的目的和归宿。树立全面服务观念，创新档案利用服务的方式方法，变被动服务为主动服务，逐步实现简化整理、强化检索、优化服务的工作目标，最大限度地满足全校师生和社会各界的档案利用需求。

四川师范大学档案馆"十三五"规划

"十三五"时期是档案馆建成"管理规范化、服务效果好"的高校档案馆的关键时期。为更好地推进学校档案工作全面协调发展，根据教育部《普通高等学校档案管理办法》和《四川师范大学"十三五"规划编制细则》要求，结合我校档案工作实际，特制定四川师范大学档案工作"十三五"（2016 年－2020 年）发展规划。

一、"十二五"规划工作的回顾与总结

"十二五"期间，在学校领导、档案馆全体同仁和校内各立档单位的共同努力下，我校档案工作得到了较快发展，各项任务基本完成，特别是在档案收集方面取得了长足进步，部门立卷制度已初步形成，各门类档案归档数量大幅提高，保障了校内各单位、师生和社会公众对档案利用的基本需求，同时档案数字化和信息化建设正分期分批有序开展，为我校管理、教学、科研等工作做出了积极贡献。

（一）档案工作综合水平显著提高

2011 年 1 月，学校通过四川省档案工作规范化管理一级单位评估。2011 年 3 月，学校被四川省法制办、四川省档案局评为 2006—2010 年全省档案法制宣传教育先进单位。2013 年 4 月，学校被四川省高等学校档案工作协会评为四川省高等学校 2008－2012 年度档案工作先进集体。同年，我校当选为四川省高等学校档案工作协会常务理事单位。2015 年 2 月，档案馆被省档案局评为 2014 年度全省档案宣传工作先进单位。

（二）档案基础业务和基础设施建设有所提升

档案业务功能定位更准确。基础业务与研究业务分工清晰，各有侧重。馆藏档案结构更为合理，数量大幅提升。目前档案馆共保存川北农工、川北

大学、川东教育学院、四川师范大学草堂校区、四川师范大学等五个全宗的党群、行政、教学、科研等十二大门类档案共计七万余卷（册），学校综合档案实现集中管理，在校学生档案和人事档案实行分室管理，馆藏档案结构进一步改善。

（三）档案信息化技术水平明显提高

数字档案馆建设已排上日程，自主开发的档案管理系统"狮山兰台"历时近两年，于2014年底正式上线，解决了大容量档案的保管和利用难题；馆藏档案数字化工作也全面启动，目前已完成第一期历史档案数字化工作，第二期利用率较高的教学类档案数字化工作。建立和完善了档案馆、校史馆网站。

（四）档案文化建设成果初显

常规编研工作扎实推进，为学校资政育人提供了重要参考。特色编研工作卓有成效。档案馆组织编纂的《图说师大——四川师范大学校史沿革旧照系列汇编》获得2012—2014年度四川省优秀档案编研成果三等奖，相关内容入选四川省档案局编《档案见证·高校篇》一书（四川大学出版社2014年版）。作为学校校史编纂委员会成员之一，精心设计2015年版校史编修方案，并认真参与编撰工作。为新进师生了解校史而编撰的《图说师大——师大历程七十年》取得阶段性成果。

（五）档案队伍得到加强

学校于2008年6月成立档案馆，与图书馆、校史馆一起成立四川师范大学图书与档案信息中心。"十二五"期间增加工作人员7名，现在已达到11名专职工作人员。高职称人员增加了3个，现有高级职称4人。各立档部门均明确了兼职档案员，全校共有64名兼职档案员。

但是，"十二五"期间，我校档案工作仍然存在以下问题：

一是个别立档单位档案观念较弱，对部门归档工作不重视，归档门类不齐全，档案整理不规范。加上档案馆自身监督力度不够，造成有的归档内容欠缺，有的重要档案材料未能按时入馆。

二是档案馆馆舍面积小，库房已显紧张，目前只能满足未来3-5年的归档需求；现档案库房的恒温恒湿需求与消防安全之间的矛盾日益突出，影响档案的永久保存。

三是档案馆在成龙校区，与校内行政机关分校区办公，校内单位和师生归档、利用档案需在两校区间来回奔波,极为不便,降低了档案服务质量和服务效率。

四是队伍建设不完善。特别是信息技术专业人才缺乏,成为我校深入开展数字档案馆建设的重大瓶颈,如数字化建设概念不清、学校众多数据资源不能整合归口、电子档案收集困难、利用信息化至今仍是未能实现的理想等。同时,工作人员数量不够,每年档案数量和利用服务数量成倍增长,但工作人员数量依然没变,终日忙于基础业务,技能素质提高和档案研究未跟上。

二、"十三五"规划的指导思想

坚持以科学发展观和习总书记系列讲话精神为指导,以《中华人民共和国档案法》和教育部《普通高等学校档案管理办法》为依据,立足档案工作实际,全面落实科学发展观,坚持"珍藏历史、服务现实"的办馆理念,认真贯彻落实档案法律法规,加强档案资源体系建设,抓住学校信息化建设的有利机遇,做好各项基础业务工作,加强技术攻关,建设数字档案馆,优化档案信息资源共享环境,为学校各单位、师生员工和社会公众提供更加优质、便捷、高效的档案服务,努力促进学校档案工作持续健康发展。

三、"十三五"规划的编制原则

在认真总结"十二五"期间我校档案工作的成功经验和存在问题的基础上,坚持立足当前与面向长远相结合,把档案馆"十三五"规划与学校综合发展和高校档案事业发展形势紧密结合,理清发展思路,破解发展难题,切实增强针对性、可行性和可操作性,编制符合我校实情、符合档案事业发展需求的"十三五"规划,确保规划的科学性、实用性、创新性和前瞻性。

四、"十三五"规划的发展目标

(一)总体目标

落实中央"两办"提出的"建立健全覆盖人民群众的档案资源体系、方便人民群众的档案利用体系、确保档案安全保密的档案安全体系"三大体系建设目标。

(二)具体目标

1. 落实依法治档,档案行政管理能力进一步增强,保证档案事业协调、可持续发展。

2. 档案馆库房扩建纳入学校规划，充分满足未来 10－30 年档案馆藏需求。

3. 档案管理技术水平明显提高，争取在省内同级高校中率先建成数字档案馆。

4. 档案编研与校史研究有显著成果，对外合作研究范围进一步扩大。

5. 加强档案事业的人才队伍建设，引进信息技术专业人才，同时档案干部队伍在质量上和数量上要与我校档案事业发展相适应，争取有 1－2 名正高级职称产生。

五、"十三五"规划的主要内容以及实现目标的主要途径

（一）加强档案基础设施建设，为实现发展目标提供硬件保障

1. 争取将"在狮山校区建设档案新馆和校史展示中心"纳入学校狮山校区建设规划，进入立项或建设阶段。按照档案馆功能、要求和《档案馆建筑设计规范》，完善各项配套设施，建设一个集"档案、校史、展览"于一体的现代化档案馆，同时解决档案馆未来 10－30 年档案存放发展需求。

2. 在目前学校建设档案新馆条件不具备的情况下，优先在成龙校区解决档案库房发展场地问题，划拨至少 1000 平方米的场地，完善配套设施，以满足未来 5－10 年的档案存放需求。

3. 档案库房分区建设，文献库房、保密库房与特殊材质档案库房分区建设。尤其对于存放照片、磁介质、光盘、磁盘以及实物等特殊载体档案的专门库房，实施专库专人安全保管，并配置必要的专用设备。

4. 安装智能化安保系统，实现消防、防盗报警和库房温湿度调控自动化。

（二）夯实数字档案馆建设基础，深入推进档案信息化建设

1. 完成狮山兰台档案管理软件的后期升级，夯实数字化档案馆建设的重要基础，在界面更新、模块增减、容量储存加大等方面进行有效改进和及时完善，掌握数字化档案馆建设的主动权。

2. 档案数据库分模块建设，包括档案目录数据库建设、档案全文数据库建设和多媒体档案数据库建设。

3. 馆藏档案数字化继续深入，按计划分期分批对现有馆藏档案进行数

字化加工。到"十三五"末，实现现有馆藏档案 100％达到文件级录入，部分利用率高的教学类档案实现全文数字化，同时逐步实现对增量档案实行纸质电子一体化归档。

4. 购买网络安全保障系统软件，建立和完善计算机安全系统，全方位维护档案信息的安全管理。

5. 积极推进数字档案资源共享平台建设，充分利用校内网和档案馆、校史馆门户网站建设，把可公开的各类档案、信息上传网络，最大限度地促进档案资源共享，构建为学校各机关、学院提供信息服务的平台，发挥档案信息的资政功能。

（三）强化档案行政管理职能，进一步落实依法治档

1. 继续依法管理档案，作为学校档案工作行政管理职能部门，档案馆应积极发挥统筹规划、组织协调和监督指导学校档案工作的作用，提升依法管理全校档案事业的水平。

2. 在学校的考核评价体系中，各单位档案工作表现分值要逐渐占有合理比值。

3. 在学校党政的支持下，严肃查处、通报各类档案违法案例。

4. 学校要将档案事业发展列入学校发展计划，加大档案经费投入力度，使档案事业经费随档案总量的增长、档案信息化建设和服务方式的改变不断有所增加。

5. 做好有关档案规章制度的清理、修订工作。坚持和完善部门归档制度，修订、完善《四川师范大学档案管理办法》《四川师范大学电子档案归档办法》《四川师范大学各部门归档范围和保管期限》等规章制度。

（四）整合档案信息资源，建立科学的档案资源体系

1. 完善档案收集机制，促进档案资源在总量增加的情况下质量提高、结构优化，扩大档案收集范围，建立特色档案，改善馆藏结构。在"十三五"期间，加强档案收集指导工作，认真贯彻落实《中共中央办公厅、国务院办公厅〈关于加强和改进新形势下档案工作的意见〉》，把反映学校基本职能、教学科研水平的档案纳入重点接收范围，更加注重校史档案收集。要结合实际需求，创新校史档案征集渠道，加大对四川师范大学各个时期的有重要参考及凭证价值档案和重大活动、重大事件、重点工程等档案的收集力度，鼓励个人、家庭、社会组织向档案馆捐赠或寄存档案；继续做好名人档

案、实物档案和声像档案、照片档案等多媒体特色档案的征集归档工作，丰富校史馆藏。

2. 档案馆要积极参与学校各项重大活动档案的形成、积累和收集工作。重点做好学校重大活动、上级领导视察指导工作和突发事件的声像档案收集工作。同时要特别加大对重大科研项目档案、成龙校区重点建设项目档案的收集、管理。

3. 探索档案信息资源整合模式。档案馆应主动思考，统筹规划，打破部门和条块分割，整合全校档案资源，探索建立适合我校的电子文件归档管理模式，推动档案资源科学配置和高效利用。

（五）创新服务形式，建立方便的档案利用服务体系

1. 创新服务方式和方法。改进查阅方式，简化利用手续，重视编制《案卷目录》《专题目录》等档案检索工具，完善档案检索体系，提高档案的利用率，最大限度满足利用者需求；主动开发档案资源，积极提供档案信息服务，通过报送或推介相关档案信息、编辑出版档案选编、举办档案展览、制作音像作品等方式，送档案进部门、进师生、进社区，全方位为学校各级提供档案信息服务。

2. 加大开发力度。加强对馆藏档案的编研，实施档案信息资源的深度开发，从不同角度深入挖掘史料，提高编研成果的精品率，努力把"死档案"变成"活信息"，为学校各级决策、管理提供参考。

3. 努力超越传统档案服务的视野和范围，发挥好档案馆爱国主义教育基地、档案安全保管基地、档案利用服务中心、学校信息公开中心、电子文件管理中心等"五位一体"功能的作用，在工作中实现档案封闭利用向多形式、多渠道开放利用的转变。

4. 档案馆要彰显文化性，充分挖掘馆藏档案珍品，举办有影响、高质量的档案展览、专题讲座、主题活动等，出版有价值、高品位的档案文化产品，凸显档案文化的独特内涵，使档案文化和校史文化在学校文化建设中发挥独特作用。

（六）实施人才强档战略，为实现发展目标提供有力的人才保障

1. 优化人才结构，建立科学的引才育才机制，通过内调外引、培训提高等方式，积极引进信息化方面的专业人才，从事数字化加工、系统维护、数据库建设与运行等，造就一支忠于职守、专业素质高、适应档案事业发展

需要的复合型档案专业队伍。

2. 开展多种形式的档案专职人员在职教育，为档案干部学习培训、下基层挂职锻炼、交流任职等创造条件，实行档案工作人员继续教育常规化。

3. 鼓励在职人员学习新技术、新知识，提高档案业务水平和实际工作技能；提高科研奖励，鼓励在职人员提升学历层次和职称级别，不断提高档案工作人员的综合素质。

4. 建设好二级单位档案员管理网络，通过业务培训考核和总结表彰处罚等机制，不断提高各归档单位分管档案工作领导的档案意识和二级单位档案员的业务素质，建设一支热爱档案事业，责任心强的档案员队伍。

绵阳师范学院档案事业发展"十三五"规划

为科学指导"十三五"（2016—2020 年）学校档案事业发展，进一步发挥档案工作在教学、科研、社会服务等方面的基础性作用，依据《中华人民共和国档案法》《高等学校档案管理办法》《关于加强新形势下档案工作的实施意见》，制定本规划。

一、发展基础和面临形势

"十二五"时期，在学校党政的领导和省市档案局的指导下，学校档案部门全面实施档案规范化管理工作，紧紧围绕学校大局，突出档案制度建设、档案基础业务建设、档案信息化建设，不断完善功能、丰富库藏、强化服务，学校档案工作取得长足进步，迈上新的台阶，为学校建设发展做出了贡献。

一是档案机构不断强化。学校领导高度重视档案管理工作，成立了以校长主管、副校长分管，主要职能部门领导为委员的档案工作委员会，将档案工作纳入各单位的年度目标考核内容，档案管理网络体系更趋完善。

二是工作制度更加完善。建立健全了工作职责、立卷归档、借阅利用、保密等档案工作制度，对档案的收集、归档、整理、立卷、统计、鉴定、查阅、销毁等各个环节都进行了明确规定。编印了《绵阳师范学院档案工作汇编》。

三是队伍建设不断加强。定期召开全校档案工作会和兼职档案员业务培训会，组织学习档案工作的政策法规、规章制度、业务知识，并每两年表彰一次档案工作先进集体和个人。选派档案人员参加省市档案局、协会组织的业务培训、交流学习，对勤工助学的大学生进行了培训。

四是档案设施逐步改善。完成了档案室搬迁工作，档案用房面积达 600 多平方米，增加了近 2 倍。档案库房设有消防通道、灭火器、自动报警灭火装置，安装了防盗门、防护栏、防紫外线遮光窗帘，配备了除湿机、空调、温湿度计、防磁柜、吸尘器等恒温防潮防磁防尘设施，购置了荣誉柜、消毒柜、底图柜等急需设备，为档案安全保管提供有力保障。

五是基础业务工作更加扎实。严格实行部门立卷归档制度，做到了"三纳入""四同步"。明确了综合档案室作为物资设备、服务项目招标验收小组成员，参加招标验收会。加大了教职工职称评定、干部任免、学生学籍、录取、毕业等民生档案的收集力度，严防档案流失。制定了学校基建工程、科研项目、设备招投标档案的归档规范，让兼职档案员对应归档材料做到心中有数。

六是服务能力不断提升。建立了档案案卷目录、全引目录检索工具。编制了《全宗介绍》《年鉴》《历年干部任免目录》《历年机构成立、变更、撤销、合并目录》《科研成果目录》《荣誉档案汇编》《精品课程建设》等多种专题文件目录汇编。

七是数字档案室初见成效。根据学校数字化校园规划，开展了学校纸质档案数字化加工（一期）项目建设，共扫描了 1925—2013 年学校 4 个全宗12122 卷 1147196 页档案。

"十二五"期间，我校档案工作创新发展，取得一些成绩。2014 年，我校以 91 分的成绩通过四川档案局档案工作规范化管理评估，荣获"四川省档案工作规范化管理二级标准单位"。学校档案工作被评为 2014 年绵阳市档案学术研究先进单位。

"十二五"时期，档案事业的发展还存在一些问题，主要表现在：档案工作机构不能满足档案统筹综合管理的需要，还需进一步加强；档案资源建设结构不合理，重大活动档案、民生档案有待进一步丰富；档案服务还不能充分满足利用需求，服务水平有待进一步提升；档案库房建设与国家标准要求还有一定差距，库房基础设施建设需要进一步推进；校史文化积累、挖掘不够，档案育人功能还需进一步加强；档案工作人员现代化管理水平总体不高，干部队伍素质有待进一步提高。

"十三五"时期，是学校向应用型高校转变的关键时期，档案事业发展既要适应学校转型发展的新要求、适应师生的新期待，又要遵循档案管理客观规律，顺应档案事业发展新趋势，围绕中心、服务大局，推进自身的科学发展。

二、指导思想和总体目标

(一) 指导思想

以邓小平理论、"三个代表"重要思想、科学发展观为指导,深入贯彻习近平总书记系列讲话精神,落实中央和省加强和改进新形势下档案工作的意见要求,紧紧围绕把学校建设成为"特色鲜明、优势突出,在西部地区有一定影响的应用型地方高校"的目标,以协调推进"四个全面"战略布局和"创新、协调、绿色、开放、共享"五大发展理念为指引,坚持档案事业依法管理、走向开放、走向现代化,坚持"以人为本、服务为先、安全第一、转型发展、依法治档"原则,加快完善档案治理能力,不断提升档案治理体系,努力推进档案工作提质增效,为学校转型发展做出积极贡献。

(二) 总体目标

统筹推进学校档案事业改革创新、转型升级、提质增效,通过开展档案规范化管理复查验收建设,实现档案治理法制化、档案利用便捷化、档案资源多元化、档案安全高效化,不断增强档案工作基础和信息化水平,到2020年,传统载体档案数字化基本完成、档案规范化管理复查达到四川省一级标准。

三、主要任务和保障措施

(一) 主要任务

1. 加强档案法治建设

深入贯彻依法治校战略,全面贯彻档案工作方针政策和法律法规,建立健全学校档案工作规章制度。及时、主动地将档案法制建设规划融入学校法治建设中,优化档案事业发展法制环境。加强与学校宣传部、网络中心、市档案局合作,开展档案法制宣传工作。在日常工作中,依法做好文件材料的收集、整理、归档和移交工作。

2. 深入档案基础业务建设

大力推进档案规范化管理。全面贯彻新修订的《归档文件整理规则》(DA/T22—2015)、《会计档案管理办法》(财政部国家档案局令第 79 号)等档案业务标准规范,结合学校档案评级要求,科学制定规划,实施整改项目,提升学校档案工作规范管理水平。

大力开展档案资源建设活动。关注新的档案形成者，及时把新成立单位纳入监督指导服务范围。形成新的指导意识，先行介入立档单位的重要工作岗位和流程，实现业务指导前置化。加强重大活动、科研档案、基建档案、实物档案的收集力度，进一步丰富室藏档案资源。

大力推进民生档案工作。抓住新的工作重点，把指导的重点放在与人相关的档案上，建立以民生档案为重点、覆盖师生的档案资源体系。

3. 加强档案信息化建设

加快数字档案室建设。将数字档案室建设列入学校信息化建设规划，将建设经费列入总预算。总体完成室藏纸质档案数字化率达到70%以上，全部照片、音频档案数字化80%以上，建成室藏档案目录中心、基础数据库，便于档案信息共享。

加强电子文件归档和接收工作。加强电子文件形成、积累和归档监督指导，建立电子文件归档和电子档案移交机制，逐渐实现电子文件归档与电子档案接收规范化、常态化。

4. 完善档案安全体系建设

健全安全防范体系。通过明要求、定制度、勤检查、严整改，落实岗位责任，加强内部管理，严格保障措施，把安全工作落到实处。加强档案信息网络系统的管理，保障操作安全、数据安全、接入安全和应用服务安全。建立完备的档案信息数据备份制，确保档案信息数据安全。

严格档案实体管理。严格库房管理制度，严格入库档案登记与统计，入库档案利用不允许出馆。利用频率高的档案要优先数字化处理，数字化后即封存原件。凡有复制件的档案，一律提供复制件利用。

5. 提升档案服务能力水平

提升服务大局的能力。档案部门要按照学校党委、行政需要，配合中心工作、重大活动，做好档案服务，提供档案信息，在服务中实现价值，赢得重视。

提升服务师生的能力。要认真总结近年来档案利用的经验和规律，准确把握师生的档案利用需求，抓好入学、学籍、毕业、升职、职称评定、科研等文件材料的收集整理归档，做好档案检索字段的录入工作，提高检索成功率。

提升服务文化建设的能力。加强档案文化遗产保护和开发，建立学校民国时期学籍档案目录库。通过编辑档案资料汇编、举办档案展览等，发挥档案记录历史、传承文明的重要作用。

提升档案队伍的素质。加强党风廉政教育和思想作风建设；选派档案人员参加各类业务培训，更新档案人员的知识结构；加强与各高校、省市档案局的联系；加强专业人才引进培养，为档案事业持续发展提供保障。

（二）保障措施

1. 加强组织领导。深入贯彻落实《高等学校档案管理办法》（教育部国家档案局第 27 号令），结合学校现有办学规模与档案数量实际，成立综合档案馆，集中统一管理学校各类档案。认真执行《关于进一步加强和改进新形势下档案工作的实施意见》（川委办〔2015〕2 号），切实把档案事业纳入学校发展规划，纳入年度目标考核内容，及时解决档案工作中的重大问题，推动档案事业科学发展。

2. 加强馆库建设。根据学校档案数量和工作任务确定，配备符合要求的档案库房管理设施，建立入侵报警、视频监控、恒温恒湿系统、消防系统等安全保障系统。根据馆藏量和功能布局，为今后发展提前谋划，预留发展空间。

3. 提升队伍素质。围绕事业发展抓培训、强素质，鼓励档案人员参加各类业务培训，不断提高档案人员的专业素质。把档案干部培训纳入学校干部培训计划，为"十三五"规划的落实提供人才保障。

4. 加强宣传教育。充分利用媒体、网络、"档案馆日"、文化讲座、法制宣传教育等各种方式，深入宣传档案工作，深化爱国主义教育建设，营造良好氛围。

5. 强化监督检查。要依据规划提出的发展目标和主要任务，结合实际制定实施方案和年度计划，加强领导，明确分工，责任到人，确保规划任务的落实。

内江师范学院档案事业发展"十三五"规划

为进一步贯彻落实中共中央办公厅、国务院办公厅《关于加强和改进新形势下档案工作的意见》，推动学校档案事业全面协调发展，特制定内江师范学院档案事业发展"十三五"规划。

一、指导思想

以邓小平理论、"三个代表"重要思想、科学发展观为指导，全面贯彻落实党的十八大和十八届三中、四中、五中全会精神，按照"五位一体"总体布局和"四个全面"战略布局，牢固树立和贯彻落实创新、协调、绿色、开放、共享五大发展理念，主动适应经济社会发展新常态，以深化改革为动力，以优化结构、细化管理、强化落实为主线，围绕学校"十三五"目标任务，创造性开展工作，努力提升档案服务实践、服务大局的能力，努力探索档案事业发展的新思路、新方法，迎挑战，抓机遇，推进学校档案事业实现新的跨越。

二、总体目标

以创建档案工作规范化管理单位为目标，以建立健全档案资源体系、利用体系和安全体系为重点，进一步完善档案工作体制机制，推进档案信息化建设进程，加大对档案工作的支持保障力度，加强档案人员队伍建设，全面提升我校档案工作水平与服务能力。

三、"十二五"取得的成绩及存在的主要问题

（一）"十二五"取得的成绩

我校档案事业发展"十二五"规划的总体目标基本实现，各项任务基本完成。

一是进一步健全完善了包含档案整理、分类、归档、保管、奖惩和安防等30余项本校制度及业务管理细则，形成了以档案部门为核心，各职能部门、二级学院、专兼职人员为基础的档案工作网络体系。

二是充分利用教职工理论学习、"6.9国际档案日"和"12.4法制宣传日"开展档案法律法规宣传教育活动，广大师生员工档案意识得到进一步加强。

三是进一步加强了档案工作分类指导和督促检查，"十二五"期间新增各类档案6785卷、收集整理35000余份干部人事档案材料，转递毕业生档案19652份，档案管理符合规范，毕业生档案转递做到了无差错、无投诉。

四是积极开展档案利用服务工作，"十二五"期间面向学校管理部门、师生员工、校外单位和个人提供各类查询和借阅档案6900余人次，9941卷（件）。

五是逐步开展档案信息化建设，通过"南大之星"档案管理软件（网络版），实现了从文件收集到立卷指导和根据授权在校园网内文件级查询的全程计算机网络管理。各门类、载体档案全部实现了案卷级管理。

六是强化安全消防工作，安全防范措施、例行巡查到位，信息畅通快速，档案防湿、防霉、防污和防虫等措施有力，每年做到了无任何安全责任事故发生。

2012年，荣获四川省档案局颁发的《四川省档案法制普及宣传奖》。

2013年，荣获四川省高等学校"2008－2012年度档案工作先进集体"。

2014年，荣获全省档案宣传教育先进单位。

2015年，荣获全省高等学校档案业务知识竞赛优秀组织奖二等奖。

（二）存在的主要问题

近年来学校档案工作虽然取得了一定的成绩，但也存在着不少问题，主要表现在以下几方面：

一是各单位和部门档案工作存在不平衡，档案意识有待进一步增强。主要表现在有的部门对档案归档工作重视不够，归档门类不齐全，档案整理不规范。加上档案馆自身监督力度不够，造成有的档案内容欠缺，有的重要档案材料未能按时入馆。

二是档案载体较为单一，特色不够鲜明，不能适应日益多样化的档案利用需要。馆藏结构呈现出"一多三少"现象。即"一多"：纸质档案多，主要是文书、教学档案比较齐全；"三少"：实物档案少，尤其是荣誉性、纪念性实物馆藏少；声像档案少；原三校历史档案少。

三是档案馆馆舍面积小，库房条件和档案工作条件较差，无正规阅档室，严重影响档案事业发展。

四是学校档案信息化和数字化建设相对滞后。学校 2010 年引入"南大之星"档案管理软件，建立了从文件收集到立卷指导和根据受权在校园网内文件级查询的目录数据库。但全文数据库、声像数据库等还没有开展。

五是档案文化建设和档案利用服务工作还存在较大差距。

六是档案馆人员知识结构、年龄结构不够合理，档案专业、信息专业人才缺乏。

四、"十三五"主要目标任务

1. 进一步健全完善统一领导、分级管理的档案工作体制机制，进一步建立健全分工明确、各司其职的档案工作责任体系。

2. 加强制度建设，形成适应新形势新要求、相对成熟定型、覆盖档案收管用全过程的规章制度体系。

3. 加快档案馆硬件建设。按照档案馆"四位一体"功能的要求和《档案馆建筑设计规范》，在新校区建设建筑面积达 8000 平方米的校园标志文化建筑的校史档案馆，完善各项配套设施，改善档案保管条件，建设一个集"档案、校史、展览"于一体的现代化档案馆。

4. 夯实档案基础业务工作。扩大档案收集范围，做到应归尽归、应收尽收，做到档案收集工作全面覆盖。健全完善珍贵档案和实物档案征集办法，丰富珍贵档案和实物档案资源。加强档案的整理、编目、保管、保护等档案馆业务工作，开展馆藏珍贵档案价值鉴定，做好重要档案的抢救工作，完善档案检索体系。加强对馆藏档案的编研，提高学校的历史文化品位。

5. 推进档案信息化建设。逐步建立完善学校档案信息平台和公共利用服务平台，建立电子档案在线接收系统，分期分批对历史档案进行数字化加工，力争在"十三五"末，实现全校 50％存量档案数字化，增量档案纸质电子一体化归档。

6. 做好档案信息利用与服务工作。要进一步完善档案开放制度，丰富利用形式，扩展服务范围，提高服务水平，使档案馆成为向学院、师生、社会提供信息服务的重要窗口。

7. 根据档案事业发展新态势和学校工作实际，完善档案馆内部机构设置，逐步配备档案专业和信息管理专业管理人员，努力打造一支纪律严明、作风过硬的专兼职档案员队伍。

五、保障措施

1. 进一步加强档案工作的宣传教育力度，提高全员档案意识。

2. 进一步加强对档案工作的领导和目标管理，完善档案工作目标责任制。学校档案工作按照《普通高等学校档案管理办法》切实做到"三纳入"和"四同步"，要在单位年度目标考核和在干部考核、换届、调动等工作中切实将档案工作纳入其工作要求和任务。

3. 进一步加强依法治档工作力度。坚持依法开展档案工作，依法管理档案事业，依法做好档案服务。档案馆要切实加强科学管理，提高服务水平，保障档案工作健康协调发展。

4. 进一步加大对档案事业的投入。逐年增加档案馆基本设施设备建设、档案培训、保护、征集、开发利用等方面的工作经费。

5. 进一步做好档案信息化建设规划，把档案信息化纳入学校信息化建设的总体规划，争取校内各单位的政策支持和资金支持，将档案信息资源建设与信息资源开发利用工作和建设结合起来。

6. 进一步树立"人才强档"意识，把档案队伍建设纳入学校人才队伍建设规划，建立健全教育培训监管机制，为档案人才成长和稳定提供良好的生态环境。

宜宾学院档案事业建设发展"十三五"规划
（2016－2020）

前　言

根据《中华人民共和国档案法》《中华人民共和国档案法实施办法》《高等学校档案工作管理办法（教育部 2008 年第 27 号令)》和中共中央办公厅　国务院办公厅《关于加强和改进新形势下档案工作的意见》（中办发〔2014〕15 号)，以及中共四川省委办公厅　四川省人民政府办公厅对该文件的贯彻实施意见（川委办〔2015〕2 号)和《四川省高等学校档案管理办法》(2016 年修订) 相关精神要求，结合学校主要领导关于加强学校档案工作建设发展的指示，我校档案工作还有较大进步空间。为此，我们在努力完成"十二五"建设发展规划的基础上，根据我校档案事业建设发展的基本现状和未来发展形势，以及智慧校园建设发展的基本要求，拟定出未来五年〔2016-2020〕学校档案事业建设发展的基本规划。

一、档案事业建设发展的背景及基础

（一）"十二五"建设的成就

1. 制定了相对完备的工作规章与切实可行的工作制度。制定了《宜宾学院关于贯彻落实"高等学校档案工作管理办法"的意见》《宜宾学院档案工作条例》《宜宾学院档案工作规范》《宜宾学院档案实体分类方案》《宜宾学院贯彻落实"关于加强和改进新形势下档案工作的意见"的实施意见》等，同时及时修订了《宜宾学院档案工作规章制度汇编》。这些规章与制度，为学校档案事业的不断发展奠定了坚实的基础。

2. 编制了比较完备的检索工具。如《宜宾学院文书档案案卷目录》等

8 种案卷目录，编制了《宜宾学院文书档案全引目录》等 8 种全引目录，编制了《宜宾学院党群系统发文目录》等 6 种专题目录，编制了《宜宾学院档案馆全宗指南》等 3 种指南，编制了《宜宾学院机构设置变动一览》等 4 种编研成果。

3. 取得了档案管理规范化检查较好成绩。在省市档案业务主管部门的领导下，在四川省高校档案工作协会的指导下，我校党政高度重视，相关职能部门密切协作，经过全校专兼职档案工作者的艰辛付出，2012 年在川内高校首家通过"四川省企业、科技事业单位档案工作规范化管理"复查工作。

4. 提升了学校档案工作声誉。我校从 2000 年起一直任"四川省高校档案工作协会学术委员会"委员单位，2003—2008 年任"四川省高校档案工作协会"理事单位，2008 年起获任第四届常务理事单位和副秘书长单位。

5. 加强了档案学术研究。我校档案馆同志参与国家档案局省部级课题 1 项，主研或参研其他级别课题 7 项，发表论文 30 多篇，其中核心期刊 16 篇。

（二）"十二五"期间未能有效解决的主要问题

1. 档案工作体制缺陷

2009 年 9 月，教育部以 27 号令颁布实施修订后的《高等学校档案管理办法》（简称"27 号令"），规定全日制在校生规模在 1 万人以上应当设立档案馆。该办法出台后，我省高校中原来尚未独立建馆的一批本专科院校应声而起，顺势建立了独立建制的档案馆，加强了对档案工作的领导和建设，迅速形成了超越之势，他们在随后进行的"四川省企业、科技事业单位档案工作规范化管理"达标工作中，均无一例外达到了一级标准。这些高校档案事业的迅猛发展态势，充分凸显了我校当前的档案工作管理体制存在的缺陷。

2. 档案工作机制短板

新建馆的一批本专科院校，在其强有力的体制保障下，出台了一系列关于档案收集、整理、移交、奖惩的配套制度，措施得当，执行有力，很好地解决了档案建设的发展问题。而我校当前的档案管理运行机制，在档案管理的指导、监督和执行力等方面明显存在短板，对我校档案事业的进一步发展构成了制约。

3. 档案队伍建设滞后

截至目前，我校保管了 14 大门类的档案，尤其是人事档案划归学校档案馆管理之后，占据了大量的时间和精力，在专职档案管理人员中，也有两位同志即将退休，这样的队伍结构根本无法适应信息化和数字化高校档案馆建设的需要，也无法跟上学校智慧校园建设的步伐。

4. 档案硬件投入不足

档案馆舍作为永久保存学校珍贵档案之地，目前存在漏水、高温和高湿度的困扰，同时办公设备老化严重，档案柜架容量不足等，都影响了工作效率，亟待解决。

5. 档案工作经费稀少

根据教育部 27 号令的相关要求，档案工作经费应当单列，除了用于档案的保护、修复、业务建设外，还需保障档案工作人员的业务学习提高、对外交流等。在干部队伍结构不合理的条件下，业务培训又因为经费原因无法开展，导致经验主义在工作中屡占上风，无法形成科学、高效、有序的管理。

6. 各部门协作力度不够

档案工作涉及学校所有职能部门和二级学院，档案的齐全完整，需要各单位、部门领导的高度重视，也需要具体经办人员的严密细致积累和及时整理、移交。而"十二五"期间档案规章制度的执行都难免疲软，影响了各项工作的成效。

二、"十三五"建设的指导思想、基本要求、工作思路和发展目标

（一）指导思想

以邓小平理论、"三个代表"重要思想、科学发展观为指导，深入贯彻十八届三中、四中全会精神和深刻领会习近平总书记系列讲话实质，落实中央和省、市加强和改进新形势下档案工作的意见要求，紧紧围绕学校"制度为先、师生为本、育人为首、学术为魂"的治校理念和把学校建设成为"特色鲜明的应用型综合大学和培养创新型应用人才"的两大办学目标，以协调推进"四个全面"战略布局和"创新、协调、绿色、开放、共享"五大发展理念为指引，坚持档案事业"依法管理、按章循迹、归本从源、服务为本、安全在先、转型发展、适度超前"的原则，加快完善档案治理能力建设，不断提升档案治理体系质量；加快完善档案服务功能，不断提升档案服务水平，努力推进档案工作提质增效，为学校转型发展做出应有贡献。

（二）基本要求

档案馆建设的基本要求是：以法规为依据；以目标为导向；以满意为愿景。

学校档案事业的建设发展，要坚持以《中华人民共和国档案法》《中华人民共和国档案法实施办法》《高等学校档案工作管理办法（教育部 2008 年第 27 号令）》和中共中央办公厅国务院办公厅《关于加强和改进新形势下档案工作的意见》（中办发〔2014〕15 号），以及中共四川省委办公厅四川省人民政府办公厅对该文件的贯彻实施意见（川委办〔2015〕2 号）为主要依据，尤其要遵循《高等学校档案工作管理办法（教育部 2008 年第 27 号令）》和最新修订的《四川省高等学校档案管理办法》的要求，严格依法办事。要紧紧抓住"档案"的本质特点，溯本求源，做好归档材料的积累和归档；档案事业的建设发展，要以"建设特色鲜明的应用型综合大学"的办学目标和"培养创新型应用人才"的培养目标为基本导向，做好档案馆的服务工作和执法工作；以"档案馆是广大师生工作、学习的有益助手"的建设标准为共同愿景，提升服务质量和师生的满意度。

（三）档案馆建设的工作思路和发展目标

1. 学校档案工作基础建设

（1）学校在现有确立一名校领导分管的基础上，按照新修订的《四川省高等学校档案管理办法》，成立学校档案工作委员会，负责学校档案工作的整体规划，审核、修订档案工作的相关规章制度，加强档案工作的制度体系建设和领导体制、机制建设。

（2）根据相关法规的要求，建立独立建制的档案馆，选派学识高、能力强、年富力强的高级人才到档案馆担任领导，带领全校专兼职档案人员努力落实"十三五"规划的美好蓝图。

（3）落实各级人员的档案工作职责，并相对固定各职能部门、二级学院等单位的档案工作负责人和具体经办人员，《高等学校档案工作管理办法（教育部 2008 年第 27 号令）》和新修订的《四川省高等学校档案工作管理办法》的法规框架内依法从档，依法治档，依法用档。

（4）依照法规落实"允许专、兼职档案工作人员，实行专业技术职务聘任制或者职员职级制，享受学校教学、科研和管理人员同等待遇"的相关政策

2. 学校档案工作队伍建设

根据档案工作的需要，配备适当的专职干部，尤其要配备懂网站管理的专业人才，加强从业人员校内校外培训，不断增强他们的业务能力。同时加强爱岗敬业教育，不断增强责任意识，转化工作作风，提高业务能力。条件成熟时，与相应二级学院共同开设档案管理课程，培养一专多能的档案专业人才。

3. 学校档案馆馆藏建设

利用学校各种工作平台，向老领导、老教师、老员工及校友等请教，加强档案的征集工作，不断丰富和完善馆藏，尤其要加强账外档案的收集工作，为更好地开展档案信息利用和学校服务创新能力展示提供坚实的物质基础。

4. 学校档案工作硬件建设

为了适应档案工作的数字化和信息化的发展趋势，加强与之配套的专业设备配置。

5. 学校档案工作信息化建设

进一步加快档案工作网站建设，建立档案对外开放利用服务平台系统，尽快把我校的档案管理软件与校内 OA 系统进行对接，加强与学校智慧校园建设领导小组的沟通协调，争取在"十三五"期间完成档案馆智慧系统的建设，努力推进数字档案馆建设进程。力争通过自我完善与业务外包的方式，完成库存档案全部数字化的工作。充分发挥后发优势，顺利实现弯道超车，努力做到"信息精准、查询快捷、跟进高效"的现代化信息服务目标。

6. 学校档案工作业务建设

为了更好地服务学校党政管理、教学科研和社会利用，档案馆应依据相关法律法规，不断创新利用方式。在确保保密性的同时，对解密档案或不涉密档案加快信息传递，充分利用现代互联网技术和移动终端的快捷便利特性，及时整理档案信息提供利用。不断加强档案编研与信息开发，实时进行各种档案专题展览和专题讲座，以增强师生员工的档案意识，共同推进学校档案工作不断取得更大的成绩。

7. 学校档案工作法制建设

全面贯彻档案工作方针政策和法律法规，建立健全学校档案工作规章制度。及时、主动地将档案法制建设规划融入学校法治建设中，优化档案事业发展法制环境。及时宣传贯彻新修订的《四川省高等学校档案管理办法》，及时上报贯彻实施成效。

8. 学校档案工作安全建设

加强内部管理，严格保障措施，把安全工作落到实处。档案库房及时整修，配置恒温、恒湿等设施设备，以确保档案安全保密。加强档案信息网络系统的管理，保障操作安全、数据安全、接入安全和应用服务安全。建立完备的档案信息数据备份制度，确保档案信息数据安全。

乐山师范学院档案工作"十三五"规划

一、"十二五"期间档案工作主要成绩

"十二五"期间，档案工作紧紧围绕学校事业发展大局，全面加强档案资源体系、档案利用体系和档案安全体系建设，档案收集、保管、利用、编研、信息化建设和制度建设实现了新的突破，档案职工恪守"为党管档、为国守史、为民服务"的职责，勤奋工作、开拓创新，为学校档案事业做出了应有的贡献。

1. 档案基础设施建设不断改善、档案事业经费保障有力

随着学校事业发展和办学规模的扩大，档案数量增长迅速，我们把档案馆舍建设放在优先发展地位，档案基础设施大大改善。一是新辟了 200 平方米库房，档案库面积增长 33％，库房总面积约 600 平方米，按照档案库建设要求，全面改造了原有库房，更有利于档案安全和档案的维护；二是人力财力方面投入足够，全校专兼职档案工作人员达到 40 余人，专项预算档案工作公务费、业务费和设备专项费；三是添置档案工作设备，普通档案柜、财会档案柜、档案缝纫机、柜式空调、抽湿机、服务器、计算机、复印机、打印机、书车、碎纸机等设备一应俱全。

2. 档案馆基础业务建设扎实推进

认真贯彻落实国家档案局 9 号令，严格按照档案工作要求，做到完整、齐全、规范，保证档案质量。2011 年到 2015 年，学校新增档案 7600 卷，52560 件，包括行政、党群、教学、科研、基建、设备、外事、出版、财会、声像等十类和人事档案。截至 2015 年年底，学校现有三个全宗档案，共有各类档案材料 28724 卷，172578 件。

档案安全保管保护工作扎实。档案安全纳入年度工作考核目标和岗位责任制，落实到相关责任人。建立健全档案馆的各项管理规章制度，加强安全

保密防范，做好档案"八防"工作，严防档案损毁、虫蛀、霉变、失窃失密现象发生。深入开展档案安全教育，提高档案干部员工的安全意识和责任意识，加强库房温湿度调控，做好档案查阅和档案出入库登记，定期对库房进行打扫，做到常年卫生整洁，档案排列有序。经常开展档案安全检查，定期检查检修库房照明线路和消防、温湿度控制设施设备，注意更新到期消防器材，安装室外视频监控设施，购置档案消毒杀虫设备，经常施放防虫药物，对检查发现的安全隐患及时整改。

业务培训学术交流持之以恒。紧扣国家档案工作发展形势和学校档案事业需要，派出专职档案员参加各级档案局、各级高校档案协会举办的业务培训、学术交流和档案竞赛活动，参加《四川省高校档案年鉴》《档案见证》和《乐山市教育志》的编写并采用出版。

3. 服务学校教育教学、服务地方，发挥档案育人作用

档案馆坚持服务学校大局服务教育教学，为教师服务，为学生、校友服务，派出业务骨干为学生讲授档案学，举办档案学术讲座，开放档案馆为学生提供实习实训机会，每年6·9国际档案日，通过橱窗、标语等形式宣传档案知识，提高学生档案意识，牵头开展学校校志编纂，完成约50万字校志初稿，参与宣传部牵头的校史馆布展工作；联合乐山市档案局（馆），开展乐山市民生档案建设现状、问题及对策的调研，获得市社科联批准立项，形成近万字的调研报告，为乐山市民生档案建设工作提供有益参考，配合乐山市教育局开展中小学档案业务培训。

二、当前存在的突出问题

1. 档案意识不强

档案意识不强，主要有以下表现：行为层面，一些单位档案工作人员尤其是兼职档案员变动频繁，档案工作缺乏连续性、长远性，档案资料遗失时有发生，个别单位平时不注意资料收集、整理和保存，导致归档不及时、不完整、不齐全、不规范甚至拒不归档。观念层面，在一些人心目中，档案工作就是抄写、装订文本、包扎纸张；在一些档案人员观念中，档案工作就是向档案部门提交一些材料，不需要进行档案管理和建设；部分学生对档案的价值意义不了解、不重视，掉档、弃档现象时有发生。大多数师生重视档案的信息资源价值，却相对忽视档案作为文化遗产的价值，重视档案对个人发展的作用，忽视档案对学校发展的意义。多数师生利用档案的权利意识比较

强，而保护档案的责任意识相对较弱。

2. 档案信息化建设水平不高

目前学校档案馆配备了计算机、服务器、扫描仪、复印机等硬件设施，通过使用兰大之星档案管理软件，实现了档案计算机检索，但是对重要纸质档案的数字化处理、文档一体化、电子档案与纸质档案双档并存工作尚未展开，具有高效率管理和开发利用档案信息资源能力的多媒体全文数据库网络管理系统还没有建立起来，档案信息网络传递、网络档案信息咨询服务、网上档案信息开发利用、公开发布档案信息、网上提供档案宣传与指导、与学校 OA 系统的对接等都还没有实现。

3. 档案编研力度不够

编研是学校档案工作的一部分，目前存在的主要问题有三个方面：一是编研成果缺乏新意，没有突出特色，内容多为学校组织机构沿革、大事记、文件汇编、学校基本数据等；二是编研的质量也不高，成果基本是汇编、选编类的初级产品，多为原始档案的翻版和集合，年鉴、校志、校史陈列等成果基本是编多研少，论述性编研的成果尚属空白；三是编研工作与现实脱节，编研成果没有扣住学校中心工作和热点、难点，没有更好地为领导决策、学校改革发展提供直接、有效的服务和支持，编研成果利用率不高。

三、"十三五"发展目标和具体措施

目标之一：进一步增强广大师生档案意识。

具体措施：一是加强档案文化宣传，充分利用 6·9 国际档案日，多渠道多层次开展档案常识普及和档案文化氛围的营造；二是主动融入学校人才培养工作，进一步发挥档案服务师生、服务教学中心的作用，提高档案的地位；三是通过修改完善学校档案工作制度，加大档案工作考核力度，增强档案工作的严肃性和档案工作者的责任感和荣誉感。

目标之二：强化档案信息化建设工作。

具体措施：从 2016 年起，将信息化建设纳入学校工作要点，投入专项经费，配备专职人员，将利用率高、永久性保存、馆藏量最大的教学、科研和基建等纸质档案转换为数字档案，完成档案管理系统与学校 OA 系统对接，推进文档一体化、电子档案与纸质档案双档并存工作。

目标之三：提升档案编研工作水平。

具体措施：一是深入开展调查研究工作，研判学校发展形势，把握学校发展的趋势，紧扣学校工作的热点难点，开展专题编研，为领导决策提供有益参考；二是结合校志编纂和校史陈列，通过对校志、校史资料的再次编研，进一步挖掘、凝练特色档案资源和校本文化，更好地发挥档案育人作用；三是提供政策引导和业务指导，推动学校各二级单位开展部门年鉴编写工作。

成都体育学院档案工作"十三五"规划

"十三五"时期，是学校各项事业改革发展创新的关键时期，为推动学校档案工作全面协调可持续发展，提升档案工作的科学化、规范化、现代化水平，更好地发挥档案工作的基础性作用，提高档案工作对学校事业发展的贡献率，依据中办、国办《关于加强和改进新形势下档案工作的意见》和四川省委、省政府办公厅《关于进一步加强和改进新形势下档案工作的实施意见》的相关精神，特制定本规划。

一、"十二五"期间取得的成绩

"十二五"期间，学校档案工作在学校领导的关心和支持下，在各部门的积极配合和帮助下，在全院专兼职档案工作人员的共同努力下，以邓小平理论和"三个代表"重要思想为指导，坚持贯彻落实科学发展观，加强档案基础业务建设，大胆变革档案整理方式，推进档案信息资源共享，提高档案人员业务能力和水平，紧紧围绕学校中心工作，为教学、科研及管理提供优质服务，取得了档案工作的新发展。

（一）完善档案工作规章制度，档案工作规范化管理水平得以提升

2011年，为深入贯彻落实《高等学校档案管理办法》（27号令）、《四川省〈高等学校档案管理办法〉实施细则（试行）》的相关要求，学校在参照执行《归档文件整理规则》的基础上，对学校之前的档案管理规章制度进行了修订完善，形成了《成都体育学院档案工作规范实施细则》《成都体育学院各门类文件材料归档范围及保管期限表》《成都体育学院档案材料借查阅制度》，进一步明确各部门文件材料归档范围、归档具体要求和档案借查阅需遵循的原则和制度，档案工作的开展更加科学、有序、规范。

（二）加强档案馆基础设施建设，档案保管条件和人员办公条件得以改善

"十二五"期间，针对学校档案产生和移交数量的逐年增加，根据自身校情，在资源和物质条件有限的情况下，积极扩充库房面积、安装档案密集架，增加档案馆藏空间，满足了较长一段时间内学校档案保管存放的需求。同时加大了档案馆基础设施的投入，逐步淘汰原有设备，重新购置除湿机、空调、防磁柜等基础设施，确保档案安全保管。同时，努力改善档案办公、阅览条件，办公设备设施齐全，现有物质条件和硬件设施能满足目前档案工作所需。

（三）加大档案资源收集力度，档案资源体系建设初显成效

"十二五"期间，学校档案归档数量呈总体上升趋势，馆藏数量明显增加，档案资源体系建设初显成效。以 2006 年学校本科教学水平评估和 2012 年学校七十周年校庆活动为契机，致力于提升各部门档案意识，在原有基础上扩展了文件归档范围，将本科毕业生论文、实习手册纳入归档范围，实现会计档案与其他类档案同步移交，档案门类齐全，基本做到了"应归尽归"。随着学校办学规模的扩大、各项业务活动的开展及管理职能的逐步细化，归档部门设立数量也达到历史最多，已全部纳入归档范畴。

（四）变革档案整理方式，档案整理环节得以简化

2011 年，我们以档案信息管理系统（网络版）的安装使用为契机，参照《归档文件整理规则》的要求，大胆变革原有的档案整理方式，实现了除基建、科研、设备档案外，其他档案全部实行文件级整理及管理的方式。此举不仅方便了档案查阅利用，而且整理环节得以简化，更利于兼职档案员执行和操作。

（五）积极提供档案利用服务，档案价值得以充分发挥

紧紧围绕学校中心工作，为教学、科研及党政管理提供档案借查阅利用，同时为师生员工提供各种证明材料是档案工作的职责所在。"十二五"的五年，学校档案利用呈现出了史上最为活跃的状态。在学校七十周年校庆活动举办当年，档案借查阅利用量更是达到了历史之最，其中用于编写校志——《成都体育学院发展历程》的档案查阅案卷接近 2100 卷件次。除日常工作的查考利用外，学校各部门迎检迎评、监察审计、教师职称评审、科研课题经费审计、员工工资待遇及学校重大事件及重大活动开展等都是档案

借查阅利用的重要方面。另外，在学生就业、提干政审、申请学位、报考博士、考取教师资格、补充个人档案及教职工办理入户等方面借查阅利用也极其频繁，档案材料充分发挥了其自身价值。在利用服务中，我们严格按照财政部、发展改革委、国家档案局的相关规定，自 2013 年 8 月 1 日起取消档案利用收费。

（六）启动档案信息化建设，档案管理现代化水平逐步提高

"十二五"期间，学校安装使用了网络版档案信息管理系统，配置有专门的服务器和存储设备，档案管理系统的更新、维护实现了专业化和专人化，并就系统的使用情况定期对兼职档案员开展业务培训，逐步实现了部门自行著录、网络移交归档。同时，加大了电子文件的收集力度，电子文件的数量较之前有大幅增长。档案管理以一个系统为依托、一个工作群为辐射，管理更加现代化。

（七）密切对外沟通联系，档案工作思路得以拓展

"十二五"期间，学校积极参加四川省档案局、四川省高校档案工作协会及西南高校档案工作联盟举办的各类学术会议和业务培训，加强对外沟通联系，了解高校档案工作的整体发展态势、分析总结高校档案工作中面临的新情况、新问题及应采取的发展对策；利用会议交流的平台，主动与参会高校探讨新的条件下如何从满足实际需要出发、更好更科学地推动档案工作发展，学习他们先进的经验和做法，并用于指导自身实际工作。此外在平时工作中，注意通过其他方式和渠道加强与其他高校的联系与交流。通过参会及会外交流，开阔了视野、拓展了工作思路，提高了业务水平，增强了解决实际问题的能力。

（八）建立档案考核制度，档案工作的局面得以改善

之前学校档案工作的考核是通过两年一次的检查评优进行的，这种方式在有效推动档案工作进一步发展、调动人员积极性、发现归档文件材料中存在的问题并及时分析总结等方面，曾经发挥过重大作用，但随着档案工作实际情况的不断发展，此种方式存在不科学、操作性和有效性差等问题。2014年学校根据党的群众路线教育实践活动建章立制环节的要求，经充分考虑和认真研究，形成了《成都体育学院档案工作考核办法（试行）》和《成都体育学院档案工作考核评分标准》，将原来两年一次的档案工作检查评比变革为每年年底进行考核，考核制度和方式更加成熟，考核工作更加规范化、制

度化和科学化，有效地改善了档案工作中的一些不力局面。

（九）积极参与科研活动，以科研带动档案工作的科学化管理

"十二五"期间，学校加大了对档案工作科研的扶持力度，档案工作的科研活动逐步启动，并取得了初步成效。此间，获得四川省教育厅科研课题立项 2 项、四川省高校档案工作协会课题立项 2 项、学院院级课题立项 1 项。从长远来看，加大档案工作科研力度，使档案工作不仅仅局限于日常的收、管和用，同时展开对学科和工作中的问题研究，有利于进一步提升档案工作的科学化管理，增强档案工作者的角色自信和职业自信。

二、存在的突出问题

（一）档案产生移交数量逐年增长与档案库房馆藏空间严重不足的矛盾凸显

自 2006 年本科教学水平评估以来，学校在档案工作中开始接收本科毕业生的论文和实习手册，由于实习手册人手一本、数量庞大，且每册有一定厚度，按照每年实际毕业学生的数量来计算，库房排架长度在以每年 10M 左右的速度增长，2006 年至今十年，光是实习手册的排架长度已经达到了 100M 左右，大致相当于库房所有馆藏档案排架长度的六分之一，再加上各部门归档文件的数量在逐年增加，现有库房容量已显得严重不足，增加库房面积已迫在眉睫。

（二）档案信息化建设步伐缓慢与国家快速推动信息化建设的要求相距较远

学校档案信息化建设起步较晚，2011 年才正式安装使用网络版档案管理软件、开始着手大力收集电子文档，电子文档数量占总体档案数量比重很少。原馆藏纸质档案的数字化工作几乎没有开展，档案数字化方面的建设与我们而言是全新的课题。按照国家信息化建设战略和两办《关于加强和改进新形势下档案工作的意见》（以下简称《意见》）要求，档案数字化工作的开展早已是形势所需，应尽快大力推进。

（三）档案利用形式单一、利用范围有限与不断增长的利用需求之间存在潜在的矛盾

随着学校档案利用需求的日益增长，要求异地利用的呼声日渐高涨，但学校目前只开展到馆查询服务，不能满足异地利用者需求。另一方面，现有

编研工作严重滞后，档案利用层次整体较低。档案编研是档案利用的一个重要途径，同时也是档案工作能力和水平的一个重要展示，由于人手紧张再加上编研能力欠缺，导致这几年在档案编研方面投入很少，成果层次也比较浅薄。

（四）档案工作人员配备与渐增的档案工作任务的要求存在差距

当前，学校档案移交接收数量呈总体上升趋势。另一方面，随着社会档案意识的提高，对档案材料认知程度和认可程度的加深，档案借查阅利用量与前期比较也有了成倍的增长。新形势下，学校档案工作对档案工作者提出了新的要求和挑战，现有人手的配备已显紧张（学校现有专职档案工作人员3人，其中1人具有档案专业知识背景）。进一步加强档案人才队伍建设，提高档案工作者专业素质和业务能力，调动各部门兼职档案员工作积极性与主动性，是今后档案工作的重点和难点。

三、"十三五"期间指导思想和总体目标

"十三五"期间，学校档案工作将继续深入贯彻习近平总书记系列重要讲话精神，全面贯彻落实党的十八大和十八届三中、四中、五中全会精神，遵循创新、协调、绿色、开放、共享发展理念，以《成都体育学院"十三五"发展规划》为指导，围绕学校中心工作，坚持以人为本、服务为先原则，结合学校校情，以信息化为核心内容，完善档案工作机制，加强档案队伍建设，健全"三个体系"，推进档案工作提质增效，使学校档案工作基础设施更加现代化、管理更加科学化、利用更加开放化。

四、"十三五"期间档案工作发展主要任务

（一）加强档案基础设施建设，扩充馆藏空间，满足较长时期内档案保管需求

目前，学校正在紧锣密鼓地筹备新校址建设，在新校址建设规划中，充分考虑了档案事业发展的需要，新校址档案馆规划建筑面积约2000平方米，能满足未来较长一段时期内档案馆藏的需要。在新校址建成投入使用之前，近期将通过安装密集架、增加临时库房等方式缓解馆舍空间局促的问题。

（二）完善档案工作机制，加强档案制度建设，提高档案工作科学化、规范化管理水平

受历史条件和馆藏空间所限，学校学生档案、人事档案与综合档案分别

由不同部门分散管理，管理水平互有差异，档案查阅利用也较为不便。"十三五"时期，我们将继续完善档案工作机制，加强档案部门的行政管理职责，不断加强分类档案管理制度建设，加强对档案分室的业务指导，进一步提高档案工作的规范化管理水平。

（三）以人为本，加强档案人才队伍建设，充分发挥人才引领作用

"十三五"时期，学校将进一步加强档案人才队伍的建设，增加专职档案工作人员数量，通过多种方式和渠道改善档案人才队伍的知识结构，建立人才激励机制，提升档案工作人员的积极性和创造性，改善办公条件，关心队伍成长，加强专兼职档案员的业务培训，确保学校档案事业的可持续发展。

（四）快速推进档案信息化建设，大力提高档案信息化水平

信息化是档案管理现代化的核心，"十三五"期间，学校要加大档案信息化的投入力度，以建设数字档案馆为目标和契机，推动档案馆网站建设，充分调研、规划，逐步开展传统载体档案数字化工作，加大电子文档和声像档案的收集力度，建立与 OA 系统及学校其他部门管理信息系统的有效链接，从技术和管理上确立档案信息系统的安全保障体系，逐步提高档案收集、管理和利用的现代化水平。

（五）深化和拓展档案开放开发，促进档案信息资源共享

开发利用，做好服务，是档案工作的"初心"。"十三五"期间，我们将加大档案编研力度，以"围绕中心、服务大局"为主线，选择、挖掘相关主题，将编研作为档案研究的一个方式，将编研成果作为档案宣传和展示的一个途径，在关键节点上提供有质量、有分量的档案服务，充分实现档案的价值。同时，针对利用活跃的档案材料，逐步建立远程服务平台和体系，提供远程网络利用，让利用变得更为快捷方便。此外，将以数字化建设为基础，在校内进一步推动档案信息资源共享，引导各部门逐步实现档案资源自主查阅。

"十三五"建设已经起航，我们即将踏入新的征程。接下来的五年，我们将继续秉承优良传统，牢记责任与使命，继续加强档案基础业务建设，快速推动档案信息化建设，深化档案开发利用，促进资源信息共享，建立健全档案安全保障体系，充分发挥档案独特作用，实现档案自身价值，为学校的改革与发展、建设与创新做出应有的贡献。

四川音乐学院档案工作"十三五"规划

为推进我院档案工作全面协调发展，结合学院"十三五"规划纲要，特制订我院档案工作发展"十三五"规划。

一、"十二五"档案工作情况

"十二五"期间，在学院领导和上级部门的关心支持下，全馆人员围绕学院"十二五"的总体规划和工作重心，以"三严三实"重要思想为指导，坚持"以人为本"的服务理念，坚持"与时俱进、开拓进取"的工作理念，力争做到档案工作更加制度化、规范化、常态化、人性化，促使档案工作在学院工作领域凸显服务功能。

（一）档案工作主要成绩

1. 档案工作管理

（1）加强制度建设：完善了学院档案借查阅制度、档案管理制度，综合档案、学生档案、基建档案借查阅登记等，使档案借查阅工作更加规范、有序，为档案服务利用工作提供了方便。

（2）加强专兼职人员管理：加强专职档案人员业务进修、兼职档案人员的业务指导培训，建立了兼职档案人员 QQ 群，明确工作职责；2013 年开始结合学院对辅导员工作新管理条例的实施，加大了兼职档案人员管理，目前兼职档案人员有 56 名。

（3）加强档案安全防范管理工作：定期聘请消防单位进行安全讲座，提高安全意识，制定了相关管理条例和严格的值班制度，使人防、物防、技防有机结合，确保档案的安全防范工作落到实处。

（4）加强学生档案管理：新生来源档案归档后认真逐份清点来源档案 6 项内容是否齐全，学生签订个人学生档案认可书，不全的档案提醒新生及时补齐，保障了新生来源准确无误；毕业生档案派送前加强与学生处、系辅导员沟通合作，细致地进行装档、派送工作。

（5）加强档案工作统一管理：2013 年人事档案正式划归档案馆，实现了综合档案、学生档案、人事档案统一管理的工作模式。

2. 档案资源建设

（1）加强信息化建设工作：2014 年至今与计算机中心合作完成了毕业生档案去向查询系统，为应届毕业生毕业派遣信息查询提供了便利；2015 年底制订了档案馆数字化年度建设初步方案，增购了档案数字化相关设备，数字化建设初始工作已开始推行。

（2）加强设施设备资源建设：增设了 A 级防盗门，设置了门禁卡，更换了库房白炽灯、温湿度仪、学生档案五节柜、办公电脑、服务器、空调、除湿机等设备，增购了书车、平板车、装订机、传真机等，为馆室的档案工作提供了保障。

3. 档案服务利用

（1）改变查阅服务模式：根据查询的需要及特殊性，非机要档案资料查阅采取扫描传送方式查阅简便快捷；对于重要会议纪要、基建图纸借查阅，馆室制定了重要档案借查阅申请，需部门领导及分管院领导签字后方可借阅的服务制度。

（2）制定服务利用公约：坚持"微笑查档、积极查档、满意查档"的服务理念对待每一位师生员工。

4. 科研成果

"十二五"期间，馆室人员积极参加省档案局、省高校协会等举办的各项科研活动，获得省档案局论文奖 5 篇、高校协会论文奖 15 篇，参与院级课题 8 项、省厅级 3 项、省级 2 项；先后汇编了《四川音乐学院领导分工》《四川音乐学院机构设置》等 18 本；2014 年 6 月撰稿的"档案见证. 川音篇"收录到省档案局 2015 年 4 月出版的《档案见证. 高校篇》一书中。

5. 交流学习

"十二五"期间，积极参加四川省档案局、四川省高校协会、西南高校联盟组织的各项活动，接待了云南艺术大学档案室、成都铁路职业技术学院参观，分别到西南民大、四川大学、成都理工大学等高校调研档案数字化建设情况，为我院档案管理工作和档案数字化建设获取了良好的经验。

（二）当前档案工作中突出存在的问题

（1）由于学院发展原因，数字化场地一直未解决导致数字化进程慢。

（2）由于库房是教室改造，存在档案承重安全隐患问题；学院的不断发展，档案数量的急剧增加，库房面积不足。

（3）由于学院信息化建设的原因，电子文档归档问题。

（4）档案馆实现了统一管理，但是目前馆室结构不利于馆室的发展和专职人员的业务提升。

（5）目前馆室档案馆藏资源没能体现艺术院校的特色。

二、"十三五"发展规划

（一）指导思想

深入贯彻落实党的十八大，十八届三中、四中、五中全会和习近平总书记系列重要讲话精神，认真落实省委十届全会重大决策部署，认真贯彻牢固树立和贯彻落实档案工作"创新、协调、开放、绿色、共享"发展理念，围绕学院"十三五"规划的工作重心，立足档案服务为基准、提升档案规范化管理为途径、加强档案工作信息化服务进程为目标，彰显档案辅政、扶教、育人的服务功能，为学院建设高水平的艺术大学做出贡献。

（二）发展目标

学院档案工作将以档案制度建设为指导、档案服务建设为中心、档案信息化资源建设为重点、完善档案制度建设为基础、推进档案法制化建设为主题，力争"十三五"期间把档案馆建成馆舍先进、馆藏丰富、管理规范、利用服务方便、初具数字档案馆规模的先进的档案信息服务利用中心。同时结合学院"十三五"规划，为学院的校园文化建设、教学复评估和申大工作提供良好的信息平台。

（三）主要工作举措

1. 加强档案工作法制化建设

"十三五"期间，以学院法制进校园为契机，在全院师生员工中推进《档案法》知识，促进档案专兼职人员知法、懂法、执法、用法，做到立卷归档有法可依、借查阅有法可循，全面运用档案法制知识保障档案管理、保障服务利用工作顺利开展。

2. 加强档案基础工作建设

（1）改善档案基础设施建设，力争增加库房容积率、保障库房"三防"要求。

（2）完善档案制度建设，明确档案工作职责、工作分工，完善新增部门、系别的档案归档范围，完善特殊时期档案借查阅制度。

（3）随着学院办公自动化的推进进程，逐步实现档案信息化资源管理与学生系统信息管理、教务系统信息管理对接工作。

（4）夯实档案基础工作，协调解决文书档案收集整理遇到的各种问题，如发文单位报告与批复不统一、主要发文中只有附件目录缺少附件等；加强学生来源档案、毕业生档案的基础管理工作，力争做到来源档案更加全面、准确，确保毕业档案查询利用方便快捷。

（5）加强馆室用章管理，实行文书档案专用章、学生档案专用章、档案档号专用章专人管理，保障用章制度规范、合理。

3. 加强档案安全体系建设

（1）安装库房监控设备，加强库房、办公室防火防盗工作，确保档案实体安全。

（2）加强及时进行档案信息数据的备份工作，保障档案信息安全。

（3）认真落实安全教育，完善安全制度，适时聘请专业人士开展档案安全知识讲座，把理论与实际相结合严格做好安全防范工作。

4. 加快档案信息化建设

（1）把档案信息化建设纳入工作重点，力争档案信息化建设与学校信息化建设同步规划、同步建设、同步发展，把档案信息化建设作为档案业务基础建设工作来抓，积极推行档案数字化、文档一体化、档案信息利用网络化；进行电子文件归档与电子档案管理办法调研，并形成管理规范制度，努力实现电子文件即时归档，归档达到齐全、完整、有效。

（2）完成数字化档案建设进程，实现所有纸质档案数字化，逐步建成数字档案馆，以便提高档案工作服务学院和社会的能力。

5. 加强档案服务体系建设

（1）加强服务体系首先要加强档案工作宣传，通过完善、丰富档案网站的建设，加强利用档案简报、档案知识问答卷、学院广播站对档案工作宣传和档案知识的普及工作。

（2）面对档案服务利用群体，要不断加强学习，创新思想，严格围绕学校中心工作和社会需求热点，努力提高档案管理服务的自觉性和主动性。

（3）利用档案信息管理系统，实现档案信息网上查询服务和资源共享。

6. 加强档案专兼职队伍建设

（1）对专职人员严格执行工作制度、完善考核体制的同时要积极营造和谐、团结、向上的工作氛围，档案工作做到既要分工明确又能团结协作的工作状态。

（2）对兼职人员要加强和学生处、系部的协调合作，保障兼职档案人员队伍稳定。

西南民族大学档案工作发展"十三五"规划

一、"十三五"期间档案工作发展的指导思想与奋斗目标

（一）指导思想

认真贯彻党的十八大和十八届三中、四中、五中全会精神，以邓小平理论和"三个代表"重要思想为指导，深入贯彻落实科学发展观，认真落实全国教育工作会议和档案工作会议，以及《国家中长期教育改革和发展规划纲要（2010—2020年)》、中共中央办公厅国务院办公厅印发《关于加强和改进新形势下档案工作的意见》《高等学校档案管理办法》精神，紧紧围绕学校教育事业战略目标、总体规划和中心工作，充分发挥高校档案和档案工作存史、资政、育人的功能，全面提升学校档案工作的服务能力和水平，建立与学校和社会发展相适应的档案馆。

（二）总体目标

以档案规章制度建设为基础，以档案资源、档案利用、档案安全三个体系建设为核心，以服务师生、服务学校、服务社会为宗旨，大力推进学校档案管理法制化、服务利用社会化、档案资源结构多元化和档案工作信息化，实现内部综合治理能力提升、增强档案服务能力与档案文化的整体发展。经过"十三五"期间建设，把西南民族大学档案馆建设成馆舍充裕、功能完善、馆藏丰富、管理科学、利用高效的数字化、现代化、信息化的档案馆。

二、"十三五"期间发展的主要任务和举措

（一）完善档案制度建设

档案是规范管理的基础，档案管理必须有章可循，档案征集必须执行有力。结合工作实际，重新修订《西南民族大学档案管理实施细则》《西南民

107

族大学档案分类方案》，出台《电子文件档案管理办法》《档案应急管理预案》等一系列规章制度，提高依法治档水平。

（二）不断推进档案基础设施建设

按照国家档案局、教育部联合下发的《高等学校档案管理办法》（27号令）有关规定，积极争取学校支持，解决学校档案馆馆舍紧张问题，争取在"十三五"末，馆舍面积达到 5000 平方米以上，库房面积满足存量及未来 30 年的发展空间。

（三）加强档案队伍建设

积极开展队伍思想政治教育，加大业务培训力度，积极开展对外交流，打造一支理论素养过硬、团结清廉、爱岗敬业、富有创新精神的专职档案员队伍。建设好兼职档案管理网络，建立考核机制，不断提高兼职档案员的档案意识和业务素质，建设一支热爱档案事业，责任心强，执行有力的兼职档案员队伍。

（四）夯好档案基础业务工作

1. 扩大档案收集范围，改善档案收藏结构。加强档案收集指导工作，加强对学校各个时期的有重要参考及凭证价值档案和重大活动、重大事件、重点工程等档案的收集；加强特色珍贵档案建设，有重点、有计划地征集散失在社会上的珍贵档案；继续做好人物档案、学生创新档案、实物档案和声像档案等多媒体特色档案的征集归档工作，丰富实物馆藏，"十三五"期间档案馆馆藏量比"十二五"末期增加 30%。

2. 持续做好基础业务建设。进一步加强档案的整理、编目、保管、保护等档案馆业务工作，实现档案标准化整理。开展馆藏珍贵档案价值鉴定，做好重要档案的抢救工作，完善档案检索体系，加快档案开放进度，发挥档案资政、育人的作用。

3. 加强对馆藏档案的编研，提高档案文化宣传。科学整合档案信息资源，积极开展档案资料编研，充分挖掘档案价值，举办有影响、高质量的档案展览；开展形式多样的宣传活动；编辑出版有价值、高品位的档案文化产品，提高档案影响力。

（五）推进档案信息化建设

1. 完善档案管理信息平台建设。做好综合档案管理平台建设，做到栏目合理，内容丰富，对档案的收集、保管和利用功能。并完成档案发布平台的建设，做好公开档案的审核发布工作，满足利用者对档案网上信息的需求。

2. 全面开展档案数字化建设。持续做好馆内存量和增量档案的数字化工作。建立档案目录数据库、档案全文数据库和多媒体档案数据库建设，力争在"十三五"末期全面实现重要历史纸质档案数字化，增量档案纸质电子一体化归档。

3. 做好电子文件档案网络集成管理。启动电子文件档案在线接收系统项目建设，实现综合档案管理平台、学生电子档案管理平台与学校中心数据平台的资源一体共享、管理一体实施、服务一体实现的工作机制，建立档案管理信息化的网络集成接收、信息保管、网络利用工作体系。

（六）创新服务形式

坚持以人为本，贯彻落实为民服务的宗旨，拓展服务渠道，提供形式多样的档案查阅方式，简化利用手续，紧紧围绕学校、广大师生、社会公众的需要，全方位的提供档案服务。

（七）加大档案安全体系建设

建立健全人防、物防、技防三位一体的档案安全防范体系，建立库房自动灭火、恒温系统，建立先进的库房安全体系。加大档案安全、保密、应急管理制度的建设；强化执法检查力度，认真开展自查整改；加强对档案电子信息的管理，实行异地异质备份保管；建立电子文件、电子档案的保存、利用机制；做好涉密档案的利用、保管审查，确保档案安全。

三、保障措施

（一）立足改革创新

认真贯彻十八大以及十八届五中全会精神，自觉地以马列主义、毛泽东思想、邓小平理论、"三个代表"重要思想及科学发展观武装头脑，不断总结档案工作的发展规律，抓住为校管档、为校守史的神圣职责，不断推动档案工作新发展。

（二）强化依法治档

根据《中华人民共和国档案法》、教育部《高等学校档案管理办法》以及我校档案管理有关要求，不断完善制度，强化制度实施监管，保障档案工作有法可依、有章可循；强化业务管理，抓好工作中心，做到工作有计划、有重点，确保档案工作规范有序。

（三）加大资金投入

加大对档案工作的经费投入，为各项业务的开展提供经费保障，使档案事业的发展与学校各项事业发展同步。

（四）加大与学校各单位的协调配合，建立与校内单位的联动机制

打破单位间工作的条块硬性分割，注重协同配合，做到相关工作的有效对接，确保档案事业服务学校中心、教学科研正常开展，推动档案事业新发展。

成都大学档案工作发展"十三五"规划

"十三五"时期是党中央实施"四个全面"的治国理政方略,学校改革创新、转型升级、高水平办好成都大学的关键时期,档案工作作为学校管理工作不可缺少的组成部分,依托档案馆新馆建设,紧紧依靠上级主管部门档案的支持,抓住发展机遇,全面深化改革,加快档案工作转型升级、改革创新。现结合学校档案实际,拟定本规划,为我校档案工作跨越式发展奠定基础。

一、"十二五"期间档案工作情况

(一)档案馆资源及服务利用情况

1. 档案组织机构建设

根据《高等学校档案管理办法》(教育部 27 号令)要求,学校于 2011 年成立了由学校校长任主任的学校档案工作委员会,健全组织机构,为进一步强化档案工作打下了坚实基础。同时,随着学校校区的整合及档案工作的发展,档案部门内设机构得到不断充实完善,到 2015 年底,档案馆设有综合档案室、人事档案室、校史办公室、馆办公室,人员编制由 7 人增加至 12 人,建馆近 10 年来,档案工作组织建设不断加强。

2. 档案馆藏资源建设

"十二五"期间,因陆续接收并入校区的档案,学校档案资源大幅增加。经统计,截至 2010 年底时馆藏案卷综合档案 30401 卷,到 2015 年底已达 52333 卷,全宗数由 2 个增加到 10 个;2011 年新增承担全校干部人事档案管理工作,截至 2015 年底,干部人事档案 3307 卷,学生人事 52416 万余卷,馆藏总量达 10 余万卷。

3. 档案工作制度建设

"十二五"期间,我校认真贯彻档案工作相关法律法规,结合实际,制定了《成都大学档案工作管理办法》《成都大学档案工作委员会章程》《成都大学重点建设项目档案管理办法（试行）》《成都学院（成都大学）档案资料征集办法》《成都大学科技成果登记及科技档案归档实施细则》《成都学院（成都大学）教学档案管理办法》《成都学院（成都大学）档案管理考核办法》《成都大学研究生档案管理办法》《成都大学档案服务管理制度》等各项管理制度，为开展档案工作从制度上提供了保障。

4. 档案的信息化建设

"十二五"期间，档案馆在原有的档案管理信息系统基础上，继续加强档案信息化建设。一方面将干部人事档案管理纳入档案管理系统，同时，结合档案服务需求，陆续研发了适合高校档案服务专用软件，如《高校录取名册检索软件》《高校学籍档案翻译软件》以及《毕业生档案转递机要单打印系统》，改版了档案馆网页，制作网上校史馆等不断促进了档案服务工作的开展。

5. 档案的服务利用与编研情况

2006－2010 年间，查询利用 1.7 万余卷，年均利用 3400 余卷，2011－2015 年间，查询利用 2.2 万卷，年均利用 4500 余卷，较"十二五"期间，查询利用案卷年均增加 131％，2013 年完成《成都学院（成都大学）1978－2013 年校史》编纂和出版，该书已被国家图书馆收藏。历年编研还有《教学成果汇编》《1978－2014 毕业生名录》《民国拾遗》等。多次获四川省高校档案学会二等奖，全馆撰写并发表档案学术论文近 20 篇；通过引进、学习、培训提高，全馆现有博士 1 人，高级职称 5 人，档案工作人员结构和素质得到进一步提高和改善。

（二）不足与问题

1. 档案库房环境亟待改善

由于历史原因，库房是原图书馆改造而成，没有按档案库房标准建设，从灯光到通风设施等都不符合档案库房建设的标准要求，档案库房的温湿度调节效果比较差，非常不利各类档案的保管，再者全部馆藏档案（各种门类、各种介质档案）都集中在此，无法形成按不同类别档案的区域管理。

2. 档案工作机制还需进一步加强

"十二五"期间制定和建立了很多档案工作规范，但制度落实还不到位。许多部门及负责人档案意识淡漠，档案责任不落实，档案收集还有应归未归存在。

3. 人员队伍需进一步改善

随着档案信息化要求越来越高，对档案工作技术性、专业性要求越来越强，档案人员队伍结构需进一步改善。

4. 档案信息化亟待深化

档案馆现有档案信息管理软件与学校运行的其他系统，如办公管理的OA系统、教务系统、科研系统、财务系统等不对接，制约了档案工作信息化发展。

5. 档案宣传工作亟待加强

档案宣传是增强档案工作意识的有效方式和途径，尽管已开展了校史展览宣传教育，但广度和深度还不够。

二、"十三五"期间档案工作发展指导思想及目标

（一）指导思想

档案作为党和国家各项工作及人民群众各方面情况的真实记录，学校档案是办学历史的真实记录，档案工作的发展必须坚持以科学发展观为指导，坚持以依法治档为根本，贯彻落实中共中央、国务院办公厅《关于加强和改进新形势下档案工作的意见》精神，加强和改进新形势下学校档案工作，推动档案事业科学发展。

（二）发展目标

未来五年，我校档案工作将以档案馆新馆建设为载体，以信息技术为手段，构建集学校档案保管基地、校园文化建设基地、校史展览、档案信息服务中心于一体的功能完善、设计科学、布局合理、运转高效的现代化、智能化档案馆为目标，全面深化改革，实现由传统档案服务向知识型服务、文化型服务、智能型服务的转变，并有机融入学校信息化建设，为高水平办学提供有力的支撑和保障。

三、"十三五"期间主要目标

（一）做好新馆建设规划及推进

根据学校最新规划布局，新馆建筑面积近三千平方米。其基本结构是：一层为档案馆库房及查询利用空间，一层为档案综合办公、整理及培训会议用房。根据规划目标，本着统筹规划、科学设计、功能齐备、性能前瞻、实

用性强的原则，运用现代化科学技术手段，将传感技术、自动化技术、信息化技术结合起来，以建设自动化、信息化、智能化的档案馆为方向，把新馆建设成集办公、查询、展览、编研、学术交流于一体，体现文化性、共享性、信息化的档案服务机构和场所，使我校档案工作服务水平、服务能力得到大幅提升，不仅达到档案规范化管理一级标准要求，而且在技术上达到同行领先水平，最终建设成为一个具有可持续发展的信息化、数字化档案馆，全面推进档案信息化管理和服务水平。

（二）构建档案信息化服务体系及内容

1. 资源丰富的综合管理平台及体系

建设馆藏档案资源的数字化资源库。包括回溯馆藏档案和新增档案数字化，根据不同内容、档案重要程度及档案利用率高低，加快馆藏档案的数字化处理，建立资源丰富的档案信息数据库。

2. 积极融入学校信息化建设

与学校其他管理系统（人事、学生、教务、科技、财务、国资管理系统等）进行有机链接，实现信息共享。

3. 构建性能先进的档案信息服务平台及体系

第一，馆藏资源检索的自动化管理，即能方便、高效、多功地进行全文检索、关联检索、在线检索。再者，馆藏资源实体库的自动一体化管理。运用射频技术，对档案实体库进行自动化检索调卷处理，并实现案卷调用自动记录、自动统计和自动分析，即指对档案收、管、用各个环节的自动记录、统计和分析。第三，档案利用的服务自动化管理。最大限度地实现到馆查询和网络查询后各种档案证明出具的自动化；对可公开档案信息查询的网络自助服务（包括手机终端服务）；对特殊、特色档案资源的利用，对档案信息不同组合式利用，满足不同需求的个性化服务；面向校内师生、校外各界的档案文化服务、知识服务。

四、"十三五"期间发展的主要举措

（一）转变观念，加强学习，强化档案法制意识

要进一步强化依法治档观念，提高专兼职档案工作人员的档案法制水平，通过多渠道、多形式开展档案宣传教育活动，增强全校档案法制意识，为学校档案工作的全面提升提供思想基础。

（二）建立有效机制，规范档案管理

"十三五"期间，将继续深化完善档案工作机制，结合信息化建设，优化档案工作流程；充分挖掘馆藏档案资源，加大档案考核制度，发挥目标考核机制作用，做好应归尽归，确保学校档案资源的完整；加大编研工作力度，围绕学校中心，服务学校发展大局，认真选好编研专题，不断提升档案服务质量和水平。力争在新馆建成后通过档案规范化验收。

（三）强化学习培训，加强队伍建设

加强档案人才队伍建设。努力学习档案业务新知识，及时掌握和运用档案新技术，不断提高档案服务的能力和水平；积极争取学校支持，引进1—2个掌握计算机技术的人才，大力加强和改善档案工作队伍建设。

（四）加大投入，改善档案软硬件建设

1. 通过新校二期工程建设，按照国家对档案库房建设标准要求，完成新档案馆的建设并投入使用。

2. 将档案信息化发展融入学校数字化校园建设，逐年进行馆藏档案数字化处理，构建体系完善、结构合理、资源丰富、运转高效的数字档案馆，并与档案信息系统管理与学校管理运行的各个系统实现无缝链接，使档案信息化工作上台阶、上水平。

综上，在"十三五"期间，随着档案馆新馆建设落成，全面管理信息系统将逐步建立和完善，最大限度地实现信息化管理，全面提升档案馆的现代化运作效率和整体管理水平。

成都工业学院档案工作"十三五"规划

为推进我校档案事业健康、可持续发展，按照四川省档案局《关于报送全省高校档案工作"十三五"规划的通知》（川档办发〔2016〕1号）的文件精神，结合学校实际，制定本规划。

一、规划背景和发展基础

（一）"十二五"时期学校档案工作取得的成绩与重点问题

1. 主要成绩

学校档案实现了各门类档案由学校档案馆集中统一管理；配备了档案工作所需要的硬件设备；修订完善了学校档案管理办法、规章制度、业务规范等；增加了与学校发展相适应的档案类别；加强了档案资源建设，完成了馆藏1913年至1990年各类档案的清理、装订、分类组卷、题写案卷题名、编制档案号、更换档案装具等等工作。开展了对历史档案、实物档案的征集、查找以及珍贵历史档案的仿真复制工作；建立了校史陈列馆、陈毅纪念园，陈毅纪念园被四川省委、省政府批准为"四川省爱国主义教育基地"。

2. 重点问题

档案信息化建设发展缓慢，档案数字化建设尚未起步。

（二）学校档案事业发展面临的新形势

成都工业学院1913年建校，2012年3月升格为本科院校，明确提出了"建设一所特色鲜明的地方高水平应用型高等学校"的发展目标。为适应学校的发展需要，学校将档案馆、图书馆、校史陈列馆、陈毅纪念园、"三馆一园"合并成立图书与档案信息中心，学校档案工作面临新的挑战和发展机遇。

二、"十三五"时期学校档案事业发展的指导思想、总体目标

（一）指导思想

以邓小平理论、"三个代表"重要思想、科学发展观为指导，全面贯彻落实中共中央办公厅、国务院办公厅《关于加强和改进新形势下档案工作的意见》，中共四川省委办公厅、四川省人民政府办公厅《关于进一步加强和改进新形势下档案工作的实施意见》，围绕学校发展目标和办学定位，建立与学校发展相适应的档案管理体系和运行机制，着力推进档案信息化建设，将档案馆建设成馆藏丰富、管理规范、利用方便的档案信息服务中心，促进学校档案事业的健康、可持续发展。

（二）总体目标

建立与本科办学相适应的档案管理体系和运行机制，加快档案信息化建设，在 2020 年实现档案管理网络化，馆藏档案数字化率达到 30％以上。在"十三五"期间通过四川省档案规范化管理一级标准认定。

三、"十三五"时期学校档案事业发展的重点任务

（一）加强制度建设

根据国家有关档案法律法规，制定与本科办学相适应的档案管理制度和业务规范，逐步废止学校专科时期档案管理相关制度、规定等。

（二）加强组织建设

成立以校长为主任委员、主管校领导为副主任委员、相关职能部门负责人组成的学校档案工作委员会，作为学校档案工作的组织、协调和咨询机构。

（三）加快推进档案信息化建设

1. 实现档案管理系统与学校自动化办公平台对接，实现电子文件在线归档。

2. 实现档案著录、检索、借阅、打印等为一体的网络管理平台。

3. 逐步将利用率较高的检索和重要历史档案数字化。

四、"十三五"时期学校档案事业发展的主要措施

（一）加强对档案法律法规的宣传，强化依法治档

积极宣传档案法规，增强全校师生员工的档案意识，特别是领导干部对档案工作的认识，切实做到档案工作"三纳入、四参加、四同步"。

（二）建立档案工作考核制度

立卷归档单位档案工作的考核纳入学校年终绩效考核之中，建立各级岗位责任制，明确任务分工。

（三）加强队伍建设，优化人员结构

1. 配备与档案管理工作相适应、具有专业背景的管理人员。

2. 积极开展档案业务培训，提高专、兼职档案人员的业务能力和工作水平。

3. 积极参加上级业务部门组织的业务学习和培训，加强对外交流。

（四）加大档案经费的投入

学校拨专项资金，满足档案数字化建设和学校检索事业发展的需要。

攀枝花学院档案工作"十三五"规划

　　档案工作是党和国家工作中不可缺少的基础性工作，为贯彻落实国家《关于加强和改进新形势下档案工作的意见》，推进档案事业全面协调发展，特制定攀枝花学院档案事业发展"十三五"（2016年—2020年）规划。

一、指导思想

　　以邓小平理论、"三个代表"重要思想、科学发展观为指导，围绕学校高水平应用型大学建设目标，通过档案建设促进学校教育教学和管理工作的有序开展。以建立健全的档案资源体系、方便的档案利用体系、安全保密的档案保管体系为工作目标，进一步完善档案工作体制机制，努力探索档案事业发展的新思路、新方法，迎挑战，抓机遇，推动我校档案事业实现新的跨越。

二、发展目标

　　大力推进学校档案管理体制规范化、服务利用社会化、档案资源结构多元化和档案工作信息化进程，力争经过"十三五"期间建设，把我校档案馆建设成馆舍先进、功能完善、馆藏丰富、管理规范、利用方便的档案信息服务中心。

三、"十二五"取得的成绩及面临的困难

（一）"十二五"取得的成绩

　　我校档案事业发展"十二五"规划的总体目标基本实现，各项任务基本完成，各类档案收集基本齐全，档案利用效果明显，档案数字化和信息化建设已着手开展。2012年学校档案工作成功通过了四川省档案规范化管理一级单位的迎评达标工作，2013年获四川省高校档案工作协会颁发的"2008

—2012 年度档案工作先进集体"，2013 年建成了校史展览馆。

（二）存在的问题

档案工作是一项基础性、服务性工作，学校档案馆是学校的教辅单位，一直处在学校的边缘，得不到重视，使得学校档案事业的发展面临诸多困难，主要表现在：

1. 档案意识不强。主要表现在有些部门对档案归档工作不够重视，归档门类不齐全，档案整理不规范。加上档案馆监督力度不够，有的档案内容欠缺，有的重要档案材料未能按时入馆。

2. 学校档案馆藏不够丰富，特色不够鲜明，不能适应日益多样化的档案利用需要。馆藏结构呈现出"一多二少"，即"一多"：纸质档案多，主要是文书、教学档案比较齐全；"二少"：一是声像档案少；二是实物档案少。

3. 档案馆馆舍老旧，设备不全。学校档案馆为老图书馆改造而成，库房老旧，设施落后，缺防火防盗系统。

4. 校史文化积累、发掘和研究不够。我校校史研究刚刚起步，档案文化在构建和谐校园、和谐社会方面的作用还远未真正发挥出来。

5. 档案信息化建设有待推进。学校的信息化工作整体滞后，档案信息化工作也有待推进，虽然 2006 年便已起步，购建了一套简单实用的档案信息管理系统，但用至今日，系统已显得非常落后，无法满足现代社会的需要。目前虽已实现了目录和部分重要档案的全文数字化，但电子档案数据库建设还未启动，许多历史档案也急需进行数字化建设。

6、档案馆人员知识结构不够合理，高学历的档案专业人才缺乏。

四、"十三五"主要任务

（一）加快推进档案信息化建设

1. 启动全新的档案信息管理平台建设项目。构建一套功能完善、管理先进的档案信息管理平台。该管理平台可以实现标准化的档案信息录入和电子档案实时在线接收，可以提供具有"一站式"的档案信息智能检索功能，可以实现对专题电子档案数据库的在线检索利用。同时，系统稳定、安全、可靠，能够确保各类档案以及不同密级档案的安全，能够与现有系统的数据兼容，能够实现与校内 OA 系统、教务系统的无缝对接。

2. 完善档案信息门户网站建设。对现有网站进行重新改版设计，力争网站栏目合理，内容丰富，更新及时，并将开放的电子文件挂接上网，使网站成为学校档案工作对外服务的窗口、宣传的窗口。

3. 全面启动学校馆藏档案数字化建设，建立馆藏电子档案数据库、专题档案数据库，包括各类电子文件数据库、学籍档案数据库、新生录取名册数据库、毕业生照片档案数据库等，分期分批对历史档案进行数字化加工，力争在"十三五"末期全面实现重要历史纸质档案数字化，增量档案纸质、电子一体化归档。

（二）完善档案工作体制机制

坚持档案工作的统一领导、两级管理，档案馆负责学校重要档案的一级管理，各二级单位负责本单位档案（试卷等）的二级管理。切实执行部门立卷制度，明确各二级单位档案工作分管领导与兼职档案人员，明确岗位职责，并纳入单位和个人的目标管理考核。完善档案管理制度建设，提高依法治档水平。"十三五"期间在重点落实《关于加强和改进新形势下档案工作的意见》基础上，进一步加强和改进各二级单位档案的规范管理，进一步加强与各单位的沟通合作，保证各类档案的齐全性、完整性和规范性，促进学校档案工作协调发展，使档案工作真正能够为学校教学科研管理工作服务，为各项工作的考核评估服务。

（三）加快档案馆硬件建设

加强档案馆基础设施建设，按照《档案馆建筑设计规范》，扩大库存空间，完善各项配套设施，改善档案保管条件，建设一个五位一体的现代化档案馆。

（四）做好档案基础业务工作

1. 扩大档案收集范围，建立特色档案，改善档案收藏结构。在"十三五"期间，加强档案收集指导工作，更加注重校史档案和电子档案收集。结合实际需求，加强对各个时期的有重要参考及凭证价值档案和重大活动、重大事件、重点工程等档案的收集；做好实物档案和声像档案等多媒体特色档案的征集归档工作，丰富校史馆藏。

2. 做好基础业务建设。加强档案的整理、编目、保管、保护等档案馆业务工作，做好重要档案的抢救工作，完善档案检索体系，加快档案开放进度，提高档案的利用率，更好地维护档案资源的真实价值和信誉，更好地服务教学科研、服务师生员工、服务社会民众。

（五）加强档案队伍建设

1. 打造一支过硬的专业档案员队伍。加强馆内部规范管理，建立合理的管理架构，明确岗位责任，加大业务培训力度，建设学习型团队，打造一支专业结构合理、爱岗敬业、富有创新精神的专职档案员队伍。

2. 建设好兼职档案管理网络。建立培训考核和表彰处罚机制，不断提高各单位分管档案领导的档案意识和兼职档案员的业务素质，建设一支热爱档案事业，责任心强，执行有力的兼职档案员队伍。

（六）强化校史展览馆的教育基地建设

不断丰富校史馆藏，更新校史信息，做好材料展品收集和征集工作。加强校史馆的宣传教育功能建设，将校史教育纳入新生教育、新进职工教育的课程，要组织开展校史专题展、校史相关作品征集等宣传教育活动，要制作并发放校史宣传材料。做好校史讲解和培训工作，提高讲解员的讲解水平。使校史馆成为追溯历史、宣传当代、展望未来的窗口，将校史馆建设成为教工爱岗敬业、学生励志成才、校友回味历史的知校、爱校、荣校教育基地。

（七）档案的编研开发有明显成果

发挥好档案馆"五位一体"功能与作用，充分挖掘馆藏档案珍品，出版有价值、高品位的档案文化产品。继续做好每年的年鉴编纂出版工作，提高年鉴质量。

五、保障措施

（一）立足改革创新

自觉地以马列主义、毛泽东思想、邓小平理论、"三个代表"重要思想及科学发展观武装头脑并实际运用到自己的工作中去，工作上用心用脑用力，时刻意识到档案工作的重要性，通过档案工作创新，促进管理创新，不断拓展档案工作的服务内涵。

（二）强化依法治档

严格按照《中华人民共和国档案法》《高等学校档案管理办法》《关于加强和改进新形势下档案工作的意见》的要求，加强档案法制宣传，强化档案工作考核机制，将档案工作纳入各二级单位和相关人员的年度目标考核，对档案工作先进单位和个人给予表彰，对违反档案法规的行为、不履行档案工作职责进行严肃查处。

（三）加大资金投入

争取校内政策支持，加大对档案工作的经费投入，使档案事业的发展与学校各项事业发展同步，不断提高档案工作条件，满足档案工作发展需要。在各教学单位建立档案室，确保各归档单位的档案工作条件，满足各二级单位的归档工作需要。

（四）建设档案队伍

多方面开展档案专业培训，提高档案队伍的业务素质，有计划地培养一批档案业务骨干和档案学科带头人，与学校档案文化事业建设发展相适应，建设具有档案学、历史学、计算机等各类专业人才和综合实力的创新团队。

（五）做好档案工作宣传

大力宣传档案法规，强化全校师生员工档案意识，尤其是学校各级领导的档案意识，做到档案工作"三纳入、四同步"。定期开展全校性的档案宣传工作，坚持档案为学校教学科研管理服务、为学校内涵建设服务以及为构建社会主义和谐社会服务。

（六）加速档案信息化

把档案信息化纳入学校信息化建设的总体规划，争取学校的政策支持和资金支持，积极主动与学校信息部门联系，使档案信息化工作与学校的各项信息化工作同步，建立与校内各系统间的资源数据共享。加强与各大高校档案部门的合作交流，不断学习和采用更先进的档案信息技术和管理理念。

四川旅游学院档案工作"十三五"规划

为贯彻落实中共中央办公厅、国务院办公厅《关于加强和改进新形势下档案工作的意见》，我校档案工作将紧紧围绕学校中心工作，不断提升档案工作的服务能力和水平，推进学校档案事业在新的起点上健康、有序、可持续发展，根据《四川旅游学院"十三五"发展规划》的基本精神和总体要求，结合学校发展实际，制定本规划。

一、"十二五"期间档案工作的主要成绩

"十二五"期间，原四川烹饪高等专科学校和原四川省农业管理干部学院合并升格为四川旅游学院。学校档案工作秉承两校优良传统，夯实基础，不断创新，学校档案规范化管理工作保持了良好的发展态势，充分发挥了档案在学校教学、科研和管理等方面的重要作用。在档案的组织管理、基础设施、业务建设和开发利用等方面取得了优异成绩。2011 年，学校荣获四川省法制办、四川省档案局"档案法制宣传教育先进集体"称号；2012 年，学校荣获四川省档案局"四川省档案法制普及宣传奖"；2013 年，学校荣获四川省高等学校"档案工作先进集体"称号，同时当选为四川省高等学校档案工作协会理事单位。

（一）顺利通过档案工作规范化管理省一级标准复查认定

我校档案规范化管理工作于 2009 年 6 月达到省一级标准，2015 年接受了四川省档案局的复查验收。学校领导高度重视复查验收工作，由学校办公室制定了复查验收工作方案，召开了全校档案达标复查验收动员会专题会议，安排部署档案工作规范化管理复查验收的相关工作，明确了具体措施、人员分工、日程安排等内容，并逐条列表分解，落实到部门和责任人员，确定了完成时间，在四川省档案局的指导下，在全校各部门的大力支持和专、兼职档案人员的共同努力下，2015 年 3 月我校以总评分 97 分的成绩，顺利

通过档案工作规范化管理省一级标准复查认定。

（二）健全了机构，实现了对档案工作的集中统一领导

学校成立了由卢一校长任组长的四川旅游学院档案工作领导小组，整体规划、部署学校档案工作，同时，学校成立了以学校党委书记黄维兵同志为组长的档案鉴定销毁工作领导小组，对学校的档案进行规范的鉴定工作，以加强学校对档案工作的领导，提高学院档案管理水平。学校档案工作由学校办公室统筹安排，以综合档案室为管理中枢，各部门确定相应的分管领导，配备相应的专兼职档案工作人员，形成了覆盖全校的档案工作管理网络，实现对档案工作的集中统一领导。

（三）完善了档案工作规章和制度，促进了档案工作的制度化

近年来，结合学校档案工作实际，对学校原档案工作制度进行了全面的梳理和修订。特别是对《部门档案归档范围》的修订，针对各部门的工作范畴及历年档案文件资料归档的具体情况，对原《部门档案归档范围》进行了适当修改，并将《意见征求稿》印发各部门，组织相关人员，对部门归档范围中有关修改的内容进行研讨，最终编印了《四川旅游学院档案工作管理制度汇编》。《四川旅游学院档案管理制度汇编》，细致规范档案的收集、整理、保管、鉴定销毁、统计、开发利用、保密、安全保卫等工作环节，使学校档案归档制度、档案工作检查、考核与评估等管理体制日趋完善合理。

（四）档案规范化管理，实现了档案信息化管理

按照档案工作规范化管理的要求，做好档案基础工作，推进档案规范化管理，学校馆藏档案分为四川烹饪高等专科学校、四川省农业管理干部学院、四川旅游学院三个全宗，涵盖党群、行政、教学、科学研究、基本建设、仪器设备、外事、出版、财会、学生、声像、实物等十二个档案门类。目前，全校共有各类档案 42596 卷（件），全部实现了案卷级、文件级目录管理，建立了档案检索工具体系，编制了各种实用检索工具，同时，启动了全文数字化工作，初步实现了档案信息化管理。

（五）硬件设施得到了极大的改善，实现了档案库房、办公室、阅览室三分开

学校按照《档案馆建设标准》《档案馆建筑设计规范》以及《四川省高等学校档案工作规范化管理考核标准》对硬件环境的要求，对库房和办公环境进行改造完善。目前档案馆馆舍面积 416 平方米，其中：库房面积 300 平方

米，办公室面积 76 平方米，阅档室面积 40 平方米。学校配置了规范标准的密集架 215 平方米，档案柜 48 组，安装了空调、除湿机、防磁防潮柜、灭火器、温湿度测试计、消毒杀虫设备、缝纫机、吸尘器、防盗门窗、避光窗帘、防虫药等各种保护设备，整个档案室达到了防火、防虫、防盗、防鼠、防潮、防强光、防霉的要求，使档案室在管理、监测方面有了可靠的物质保障。

二、当前学校档案工作存在的主要突出问题

1. 档案队伍的人员数量、专业能力还不能适应学校快速发展的需要。档案管理工作是政策性很强，专业性、技术性要求很高的工作，但学校专兼职档案人员的配备上存在人员知识结构、年龄结构不够合理，高学历的档案专业、信息专业人才缺乏的问题，以致工作效率和服务质量不尽如人意，难以充分发挥档案的作用。

2. 档案馆舍和库房面积还不能适应学校快速发展的需要，影响档案事业发展。随着学校的不断发展，财务档案、基建档案、教学档案等不断增加，加上原农干院档案的集中管理，档案室现有库房分散在行政楼一楼和教学楼 B 栋三楼，虽有密集架，但建在一楼比较潮湿，保管运行成本大，急待新增库房容量，以适应学校快速发展的需要。

3. 档案信息化建设相对滞后。学校虽然配置了现代化管理设备"南大之星"档案管理软件，按要求及时做好了档案的整理、归档、分类、编目、录入等工作，但从系统的数据处理、管理对象、功能实现等方面，只实现了案卷级和文件级的目录编制以及部分文件的全文上传，录音、缩微、照片等载体档案占比很小，从而无法满足用户的多种需求，特别是电子文件的规范化管理、档案数字化、网络化管理等方面还待进一步提高。

4. 档案的开发利用工作比较薄弱，特别是深层次编研成果不多。馆藏结构单一，主要是行政、党群、教学、财务、基建等档案，突出学校办学特色、学科建设等的档案相对较少，档案载体形式单一，绝大部分是纸质档案，光盘、录音、实物等档案馆藏量少，使档案的利用受到局限，直接影响了档案的利用效率。

三、学校档案工作"十三五"的发展目标和具体措施

（一）发展目标

深入宣传贯彻中办、国办《关于加强和改进新形势下档案工作的意见》

及省、市实施意见，进一步加强和改进新形势下我校档案工作，完善档案工作体制机制，加大对档案工作的支持保障力度，推动我校档案事业科学发展。围绕中心，服务大局，抓好档案信息化建设，不断提升开发利用档案信息资源和服务师生员工的能力与水平，力争"十三五"期间实现档案馆的独立建制。档案馆的独立，是实现档案统筹综合管理，整合利用，开发档案资源，实现档案规范化、标准化管理的必然，有助于充分发挥档案馆的特色优势，通过特色档案资源建设、特色档案开发服务利用工作，为学校改革发展服务。

（二）具体措施

1. 完善和健全档案管理各项制度

"十三五"期间，在《四川旅游学院档案工作管理制度汇编》基础上，不断完善和健全学校档案工作的各项管理制度。目前，国家对声像与实物档案的管理缺乏统一标准，结合学校的实际情况，深入探讨学校的奖杯、字画、印章、奖状、锦旗等实物档案以及录音、录像、光盘等声像档案的管理，整理出声像与实物档案的具体管理办法，使学校档案工作有章可循、有法可依。严格执行标准，规范档案整理工作，将进一步加强同各归档部门的沟通合作，全面落实《四川旅游学院档案工作考评办法》，认真组织好年度档案工作大检查，通过考核检查，提高学校档案管理工作的水平。

2. 加大档案基础设施建设

加大对档案工作的经费投入，完善各项配套设施，改善档案保管条件，使档案事业的发展与学校各项事业发展同步，并按照《档案馆建筑设计规范》，考虑未来5-10年的发展需要，参考县级三类馆的相关要求，力争学校档案库房建筑面积达500平方米以上。

3. 加强档案队伍建设

一是将通过校园网站、微信群、QQ群等多种形式，宣传《高等学校档案管理办法》《关于加强和改进新形势下档案工作的意见》等档案法律、法规，加强对档案法制、档案保密、安全意识的宣传与教育，使档案工作深入人心，强化全校教职工档案意识。

二是继续开展人员培训工作。加大培训力度，加强分类指导，强化管理，推行档案部门立卷工作，在每年的档案工作会上，通过以会代训的方式，做好全校兼职档案员的业务培训。

三是加强对外交流，开展有关协作活动。通过参加四川省档案局和高校档案协会组织的培训班，对专、兼职档案员采用分类别、分部门、分批次等方式，进行包括文书、会计、基建、声像与实物等业务技能培训；组织相关专、兼职档案工作人员外出学习，积极组织专兼职档案员撰写论文，参加省、市组织的业务研讨和学术交流；不断加强高校之间经常性的协作与交流，相互学习、共同进步，不断提高档案工作水平。

4. 夯实档案基础业务工作

扩大档案收集范围，做好基础业务工作。加强档案收集指导工作，注重校史档案收集，结合学校实际，加强对学校各个时期的有重要参考及凭证价值档案和重大活动、重大事件、重点工程等档案的收集；加强特色珍贵档案建设，有重点、有计划地征集散失的珍贵档案，建立特色档案，改善和丰富档案馆藏结构。

加强档案的整理、编目、保管、保护等业务工作，开展馆藏珍贵档案价值鉴定，做好重要档案的抢救工作，完善档案检索体系。

加强档案编研，根据学校档案室藏资料，编制全宗介绍、组织机构沿革、大事记以及各类文件汇编。还将组织编写"金"量高的深层次编研，如：科技成果简介、档案利用案例汇编、学校年鉴等，满足学校各部门对档案信息的需求，提高档案的利用率，更好地服务教学科研，服务师生员工，服务社会。

5. 推进档案信息化建设

把档案信息化纳入学校信息化建设的总体规划，争取政策支持和资金支持，将档案信息资源建设与信息资源开发利用结合起来。全面启动学校档案馆藏数字化建设，包括档案目录数据库建设、档案全文数据库建设和多媒体档案数据库建设，分期分批对历史档案进行数字化加工，力争在"十三五"末期全面实现重要历史纸质档案数字化，增量档案纸质电子一体化归档，在学校办公自动化系统中嵌入档案集成模块，实现所有上级来文和校发文件自动归档。

成都医学院档案工作"十三五"规划

依据中共四川省委办公厅、四川省人民政府办公厅《关于进一步加强和改进新形势下档案工作的实施意见》，按照四川省档案局《关于报送全省高校档案工作"十三五"规划的通知》（川档办发〔2016〕1号）的文件要求，制定《成都医学院档案工作"十三五"规划》。

一、"十二五"期间档案工作主要成绩及存在的问题

1. 主要成绩

我校档案事业"十二五"期间总体目标基本实现，各项任务基本完成，特别是在宣传贯彻落实档案法律法规，档案管理制度建设，档案馆基础建设，档案工作规范化建设等方面取得了较大进步。

2. 存在问题

缺乏高学历的档案专业管理人员，档案编研开发工作开展不够，档案数字化建设亟待起步。

二、发展目标

紧紧围绕学校中心工作，将档案工作融入学校各项事业的发展，全面提升学校档案工作的服务能力和水平，发挥档案工作服务学校教学、科研、管理以及领导决策，服务全校师生员工、历届校友，服务社会各界需求的作用。按照《四川省企业、科技事业单位档案工作规范化管理标准》的要求，为创建档案工作规范化管理单位打下坚实基础。

三、具体措施

1. 强化依法治档

继续加强对档案法律法规的宣传，提高全校师生员工的档案意识，严格

做到依法治档。"十三五"期间，在继续重点宣传贯彻落实《关于进一步加强和改进新形势下档案工作的实施意见》的基础上，加强对国家新颁布的《归档文件整理规则》《会计档案管理办法》等法规的学习贯彻和落实。

2. 加强档案管理制度建设

依据国家对档案工作的新法规的新要求，根据学校档案工作实际，及时开展学校档案管理制度的废、改、立工作，这是提高我校档案管理水平的有力保障。

3. 加强档案馆馆藏资源建设

结合学校校史馆建设及 70 周年校庆，注重校史档案的收集，加强对学校各个时期有重要参考及凭证价值的档案和重大活动、重大事件、重点工程等档案的收集；有重点、有计划地采取多种方式征集散失在校友手上的学校珍贵档案。

4. 加强档案人员队伍建设

根据学校年度档案工作任务的需要，在"十三五"期间，通过公开招聘或其他方式，配备具有档案专业知识的高学历专业人员，使学校专职档案管理人员达到 3－4 人，为学校档案事业的可持续发展奠定坚实基础。同时，还将积极创造条件，利用参加校内校外档案业务培训、到兄弟院校参观交流、开展档案理论学术研究等学习方式，提高全校专（兼）职档案管理人员的整体业务素质。在"十三五"期间，使学校专（兼）职档案管理人员的整体素质提高到一个新台阶。

5. 加强对馆藏档案的开发编研

针对学校各时期中心工作，编辑刊印《成都医学院党委会议题汇编（2004－2015）》《成都医学院院长办公议题汇编（2004－2015）》《成都医学院党委、行政、教学管理文号索引（2004－2015）》《成都医学院专业技术职务文件汇编（2004－2015）》等资料汇编，为学校领导和职能部门的决策提供历史借鉴和参考依据，为档案利用者提供方便、快捷的查询服务。

6. 积极推进档案信息化建设

积极推进学校档案信息化建设硬件和软件的投入，配置所需的专业技术设备和人员，不断完善档案信息基础设施建设。分期分批将日常档案利用率较高的档案有计划地进行数字化处理，建立档案资源数字化数据库。充分利用学校档案信息管理系统，逐步实现部分档案信息网上查询服务和资源共享。

成都纺织高等专科学校档案工作
"十三五"发展规划

为指导"十三五"时期学校档案事业的科学发展，促进学校档案事业更好地"服务纺织、服务社会、服务学校、服务学生"，依据中共中央办公厅、国务院办公厅印发的《关于加强和改进新形势下档案工作的意见》和中共四川省委办公厅、四川省人民政府办公厅《关于进一步加强和改进新形势下档案工作的实施意见》等文件精神，结合学校实际情况，特制订成都纺织高等专科学校档案工作"十三五"发展规划。

一、"十二五"期间取得的成绩

学校高度重视档案工作，进一步发挥档案管理在学校改革发展中的重要作用，进一步深挖档案在文化育人、学校精神传承中的重要作用，推动学校档案工作稳步发展。2014年12月，学校顺利通过四川省高等学校档案工作规范化管理一级标准认定。2016年4月学校将档案室升格为档案馆。

(一)档案管理组织有序

教育部27号令和四川省实施细则颁行后，学校对照完善管理机构和制度，逐渐形成档案工作委员会统一领导、校长直接分管、档案馆牵头负责、各院(部门)协助的档案工作体系。2010年学校成立档案工作委员会，负责讨论决定学校档案工作重大问题。2010年学校实施"三员一体"制(即兼职档案员、信息员和统计员一体)，要求各职能部门助理、各院(部)办公室主任必须兼负部门档案管理工作，充实学校档案工作队伍。学校主要领导深入基层调查研究，多次就学校档案建设作出指示和作出工作布置。学校党委将档案建设纳入学校整体发展规划，纳入年度目标考核，做到了在布置、检查、总结、验收各项工作的同时，同步进行相关档案工作，切实加强对档案工作的领导和管理。

（二）设施设备配置到位

学校不断加大投入以完善基础设施设备建设，2011 年规划北苑校区新图书馆，分配 700 平方米作为档案馆，并按照《档案馆建设标准》对硬件环境的要求，对库房和办公环境进行建设。2014 年 7 月档案馆整体搬迁到图书馆 5 楼新址。目前档案馆面积 704m²。其中，办公用房面积 70m²，阅档室面积 40m²，档案库房面积 504m²，实物陈列室面积 60m²，实现了办公室、库房、阅览室三分开。档案库房配置了空调、温湿度测控仪以及防火报警设施，安装了防盗护栏、遮光窗帘，档案馆通道均配置视频监控系统，配备有档案文件电子消毒柜、吸尘器和防虫药物等。档案装具数量充足且符合条件。根据档案载体的不同形状以及保管要求，分别配置了普通档案柜、财会档案柜、奖牌证书柜架、防磁柜、保险柜等装置。学校档案现代化管理设备齐全。现有档案专门服务器 1 台，微机 8 台，喷墨打印机 2 台，高精扫描仪 1 台，普通扫描仪 1 台，光盘刻录机 1 台，复印机 2 台，1020 万像素带长焦镜头数码照相机 1 台，摄像机 1 台。

（三）基础业务建设进一步规范

教育部 27 号令和四川省实施细则颁行后，学校积极按照档案存放管理要求，查找不足，多次到其他兄弟高校档案馆学习取经，并请省档案局专家现场指导，不断积极整改完善，做好基础管理工作。标准划分文件材料归档范围和保管期限，各类档案管理办法齐全。归档范围和保管期限划分恰当，2012 年学校制定了《成都纺织高等专科学校各部门文件材料归档范围和保管期限、分类表》。归档及时、手续完备，归档材料齐全、完整、准确，归档文件质量符合要求，分类方案完整，按国家标准与高校行业标准开展整理工作，卷盒柜架排列有序，档案保管安全，正常开展档案鉴定与销毁，认真开展档案统计，逐步实现档案现代化管理。2009 年引进南大之星档案管理系统 6.0。2010 年建立档案工作网页，通过网页全面宣传学校档案工作和档案内容。由于我校计算机辅助管理工作开展较晚，到目前为止完成了全部类别档案的案卷级目录和文件级条目的转化工作，并且完成了 30% 以上的全文转化与挂接。

（四）档案文化建设进一步加强

近年来，档案馆深入挖掘馆藏档案特色资源，围绕学校中心工作强化档案编研，编辑《成都纺织高等专科学校年鉴》《成都纺织高等专科学校科技成果汇编》《成都纺织高等专科学校档案工作信息简报》《自强不息 70 年（校史）》和《档案见证：成都纺织高等专科学校》等，服务学校办学事业。为了能够及时满足教学、科研和管理工作的档案需求，档案馆采取主动提供档案服务，形式多元化，包括现场接待、电话咨询、邮件查档、网络查询、主动为基层服务等方式，为校内各部门及师生、国内外校友、国内外认证机构及社会各界提供档案复印、摘录、开具档案信息证明、学历认证、部分档案原件的借阅等服务。近年来，档案工作在学校重大事项和常规教学活动中起到重要的作用，通过利用档案，产生积极效果，解决系列复杂遗留问题，取得良好的社会效果。学校还强化馆藏档案资源的利用。2013 年学校以专兼职档案员为载体，组建西部纺织历史文化研究团队；2015 年批准档案馆牵头建立校内科研机构"四川纺织历史文化研究中心"，副馆长任研究中心主任。"四川纺织历史文化研究中心"依托档案馆拓展纺织历史文化研究领域，向四川省教育厅、四川省社会科学重点研究基地"区域文化研究中心"、学校申报立项重点课题 5 项，编撰中国职业教育学会规划教材《中国纺织产业文化史》，服务学校办学和四川纺织产业文化建设。为了让师生了解学校、热爱学校、认同学校文化，学校充分挖掘档案史料，2009 年建立校史馆，2010 年建成校史文化走廊。每年新生入校后，安排新生班级轮流参观校史馆，发挥其以文化人的功能，使参观校史馆成为新生入学教育的重要组成部分。2016 年学校党政成立以档案馆、党委宣传部和基础教学部为主体的"纺专历史与文化"宣讲团队，向入学的 3400 名新生专题讲解"纺专历史与文化"。档案馆还以校报、学校微信微博、档案工作网页为宣传阵地，不定期地刊登档案史料专题文章，向广大师生积极主动宣传校史文化，在校园文化建设和校园文化传承方面担当了重要角色。2014 年学校被四川省档案局评为"全省档案宣传工作先进单位"。

（五）依法治档进一步加强

学校坚持依法治档，根据发展状况和需要，2008 年制定《成都纺织高等专科学校档案管理实施细则》，修订《档案库房管理制度》《档案借阅制度》《档案工作安全与保密制度》等。2012 年学校印制了《成都纺织高等专科学校档案管理文件汇编》，2013 年学校印制了《成都纺织高等专科学校档案管理规范》，以此作为学校档案规范化管理的制度保障。在日常工作中加强与各二级归档单位联系，档案馆先后与国资处、基建处、教务处、科技处、人事处等部门沟通，就归档中存在的一些问题进行磋商，达成共识，解

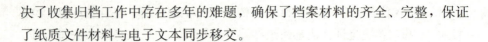

决了收集归档工作中存在多年的难题，确保了档案材料的齐全、完整，保证了纸质文件材料与电子文本同步移交。

二、存在问题

伴随学校办学规模扩大，学校机构和师生人数也随之增加，给档案工作带来了一些困难和挑战。存在的问题主要包括部分师生档案意识较为薄弱，档案收集较为困难，入库率较低；档案人才结构不能适应新时期档案事业发展需要；档案信息化水平明显落后于省内兄弟高校等。这些问题和困难制约了档案事业的科学发展，必须采取有效措施加以解决。

三、"十三五"规划指导思想和发展目标

全面贯彻落实党的十八大和十八届三中、四中、五中全会精神，深入学习贯彻习近平总书记系列重要讲话精神，以邓小平理论、"三个代表"重要思想、科学发展观为指导，以档案资源、档案利用、档案安全三个体系建设为核心，以档案规章制度建设为基础，以"服务纺织、服务师生、服务学校、服务社会"为宗旨，大力推进学校档案管理法制化、服务利用社会化、档案资源结构多元化和档案工作信息化进程，力争经过"十三五"期间建设，将成都纺织高等专科学校档案馆建设成馆舍先进、功能完善、馆藏丰富、管理规范、利用方便的档案信息服务中心，成为省内一流的大学档案馆。

四、"十三五"规划发展措施

1. 完善档案制度建设

完善档案管理制度建设，提高依法治档水平。档案是规范管理的基础，档案管理必须有章可循，档案征集必须执行有力。"十三五"期间，学校重点落实《成都纺织高等专科学校档案管理实施细则》，进一步同各部门各学院沟通合作，按部门和单位确定各类档案的收集范围和保管期限，保证各类档案的准确性、真实性和完整性，通过档案工作这一抓手，来促进校内院部规范管理。

2. 加强档案资源体系建设

"十三五"期间，学校要加快开展档案接收范围的修改工作，适度扩大档案收集范围，依据学校教育事业的发展和职能活动扩展，增加档案门类的

收集管理工作。要直接介入重点、重要档案资料的形成、收集、归档工作，确保重点、重要档案资料完整安全。在重点抓好文书档案、教学档案、科研档案、基建档案的同时，在试点的基础上，逐步建立起教师科研人员业务档案、产学研档案、校史与校友名人档案、实物档案、非正式出版物档案、重大活动档案、口述历史档案等，加强实物档案、照片档案、视听多媒体档案、电子档案的接收力度，要面向社会开展重要档案资料的征集工作，尤其要加大对散存在国内外、校内外属学校征集范围的重点档案征集工作，建立内容丰富、方便共享的优质档案信息资源，努力丰富和优化馆藏，形成档案门类齐全、结构合理的档案文件和校史资料信息中心。

3. 加快档案馆硬件建设

加强档案馆基础设施建设，按照档案馆"四位一体"功能的要求和《档案馆建筑设计规范》，完善各项配套设施，改善档案保管条件，力争建设一个集"档案、校史、文博、展览"于一体的现代化档案馆。

4. 加强档案人才队伍体系建设

打造一支过硬的专业档案员队伍。加强档案馆内部规范管理，建立合理的管理架构，明确岗位责任，加大业务培训力度，建设学习型团队，打造一支专业结构合理、爱岗敬业、富有创新精神的专职档案员队伍。建设好兼职档案管理网络，建立培训考核和表彰处罚机制，不断提高各部门各学院分管档案领导的档案意识和兼职档案员的业务素质，建设一支热爱档案事业、责任心强、执行有力的兼职档案员队伍。

5. 加强档案信息化建设

完善学校档案信息门户网站建设，力争网站栏目合理、内容丰富、更新及时，能够满足社会各界、师生员工和利用者对档案网上信息的需求；推动办公自动化系统与南大之星档案管理系统的对接，实现学校来文与发文的"随办随归"。逐步启动学校档案馆藏数字化建设，包括档案目录数据库建设、档案全文数据库建设，分期分批对历史档案进行数字化加工，力争在"十三五"末期全面实现重要历史纸质档案数字化，增量档案纸质电子一体化归档。

6. 加强档案文化建设

紧紧围绕学校中心工作和教育事业战略目标，发挥好档案馆"四位一体"功能的作用，充分挖掘馆藏档案珍品，举办有影响、高质量的档案展览和档案文化讲座，出版有价值的档案文化产品。做好档案利用工作，提高服务质量，最大限度地满足社会各界的需求。

7. 加强档案科研工作

积极改善档案工作环境，鼓励档案人员依托档案工作，从实际需要与解决问题角度出发进行探索创新和学术研究，既关注档案管理的基础理论研究，又重视档案管理的应用与实证研究，积极将研究成果与实践相结合，推动学校档案工作整体发展创新。

成都航空职业技术学院档案工作
"十三五"发展规划

为深入贯彻落实中共中央办公厅、国务院办公厅印发的《关于加强和改进新形势下档案工作的意见》、中共四川省委办公厅、四川省人民政府办公厅《关于进一步加强和改进新形势下档案工作的实施意见》等文件精神，加强和改进学校档案工作，推动学校档案事业在新时期全面协调可持续发展，使其更好地为学校发展、全校师生和社会各界服务，制订成都航空职业技术学院档案工作"十三五"发展规划。

一、"十二五"期间取得的成绩和存在的问题

（一）取得的成绩

在学校领导的关心支持下，在全体档案人员的共同努力下，学校档案工作围绕"十二五"规划的总体目标加大投入和建设力度，得到了稳步发展，主要取得了以下成绩。

1. 档案管理体系进一步确立，保障力度进一步加大

学校档案工作由院长领导，一名院领导具体分管，不断加大对档案工作的支持力度，为档案事业的发展提供了更为有力的领导和组织保障；各二级单位确立了分管领导和单位档案员，构建了涵盖全校的档案管理网络；学校每年将档案工作经费纳入年度预算，把档案工作摆上了重要议事日程，并将档案工作纳入到各级领导、二级单位职责范围和年度目标考核范围，各分管领导定期听取档案工作汇报，严格检查监督本单位档案工作情况。

2. 档案资源进一步丰富，载体形式进一步多元

随着学校事业不断发展，积极把握档案利用需求，着眼档案资源体系建设，科学整合学校档案资源，加强档案的收集和征集工作。在保证传统载体、门类的档案征收基础之上，适时修改扩大归档范围，逐步实现了纸质和

电子档案"双套制"归档；进一步加强了声像照片档案、实物档案、校史档案等特色档案资源以及学校重大活动、重要会议、重点工程等重要档案征收力度，并且介入档案材料的形成、收集等环节，从内容和载体上丰富了室藏档案，确保重要档案资料完整安全。

3. 档案编研成果进一步丰富，宣传利用平台进一步扩展

努力挖掘档案资源，开展档案资源编研工作。除了常规的《年鉴》等编研成果以外，完成近4万字的《成都航空职业技术学院2005－2015大事记》，图文并茂地展示了学校党政、教学、科研、招生以及对外交流等多方面、多维度的重要事件；完成《成都航空职业技术学院50周年宣传画册》并举办老照片展，展示了学校建校以来200余张珍贵历史照片；完成《访谈回忆录》，通过调查、采访和征文等形式，收录了近100篇反映学校建设发展的优秀文章；完成《1965－2015年校友录》，收集整理了建校50年的校友基础数据；完成《成都航空职业技术学院管理制度汇编》和《成都航空职业技术学院教学制度汇编》，主要收录学校章程、基本制度、人事师资、学生管理、学术科研、招生、财务后勤及教学管理等近200个制度。不断拓展档案宣传利用平台，在《成航院报》上开辟专栏，定期利用学校官方微博微信宣传学校历史和档案工作，变被动为主动，努力发掘档案工作潜在功能，服务全校师生和社会各界。

4. 档案管理规章制度修订思路进一步明确，人才队伍建设进一步加强

坚持与时俱进，根据发展状况和需要，将原有《成都航空职业技术学院档案管理办法》《成都航空职业技术学院档案实体分类法》《成都航空职业技术学院档案工作岗位职责》等一系列规章制度的修订提上日程，通过深入调查、外出学习、讨论交流等方式，对档案管理规章制度进行了重新梳理和整体规划，明确了修订思路；进一步深入各二级单位，完成了全校34个单位文件材料归档范围和保管期限表的新一轮修订工作；引进了学历高、技术知识过硬的档案专业人才，选配吃苦耐劳、责任心强的单位档案员，开展档案宣传和业务培训。

5. 数字化建设取得突破

购入了高速扫描仪、"南大之星"档案管理软件等，全面开始数字化建设。目前完成了部分室藏档案的目录级著录和重要档案的全文扫描工作，为保存重要历史档案，提供更为方便快捷的档案服务迈出了关键一步。

（二）存在问题

随着办学规模快速增长，学校机构和师生人数也随之增加，给档案工作带来了新的困难和挑战。存在的问题主要包括部分师生档案意识较为薄弱，档案收集较为困难，入库率较低；库房空间不足，功能分区难以实现，给档案的整理、入库和利用造成了不便；专职档案员数量不足，影响了各项工作的进度和质量；信息化建设进程较慢，信息资源整合和利用方式还需优化等。

二、"十三五"规划指导思想和发展目标

全面贯彻落实党的十八大和十八届三中、四中、五中全会精神，深入学习贯彻习近平总书记系列重要讲话精神，以邓小平理论、"三个代表"重要思想、科学发展观为指导，坚持以人为本，科学规划，突出重点，讲求实效。大力推进学校档案工作规范化、制度化、标准化和信息化建设进程，紧紧围绕学校中心工作和教育事业战略目标，以建设覆盖全校师生的档案资源体系和档案利用体系为目标，按照档案工作规范化标准，全面提升学校档案工作的管理和服务能力，力争达到四川省档案工作规范化管理水平。

三、"十三五"规划具体措施

（一）规范档案工作管理体系，严格执行考核制度

"十三五"期间将重新梳理管理制度、工作流程、管理网络和业务范围等，修订并印发新的档案管理规章制度，进一步落实单位分管领导和单位档案员，规范档案工作管理体系。同时，严格执行档案工作考核制度和"四同步"管理，即布置、检查、总结、验收各项工作时，同时布置、检查、总结、验收档案工作，以求全校上下的重视和支持，解决归档难问题，保障我校档案资源的完整性和系统性。

（二）加强档案资源建设，夯实档案基础条件和基础业务

加大档案工作经费支持和投入，扩展现有档案库房，重新划分功能布局，配置硬件设施和改善库房保管保护条件，以达到国家规定并满足学校发展需要；根据新的归档文件整理规则和档案管理办法，加强档案收集、整理编目、鉴定销毁、保管保护等基础业务，尤其加强对有重要参考和重要凭证价值的档案，重大活动、科研项目、基建项目、声像档案、照片档案等特色

档案和专题档案的收集整理工作，确保重要档案的安全保管保护。

（三）加大人员保障力度，提升全校档案意识和业务技能

进一步保障档案人员的数量和质量，打造一批适应新时期档案事业发展需要的档案人才。配足档案人员，每年至少召开一次全校性档案工作研讨会，总结通报全年档案工作情况，对档案工作先进个人和单位进行表彰；不定期进行档案业务讲座培训，根据实际需要邀请四川省高校档案工作专家分享工作经验，提高档案人员业务素质；专职档案员定期联系各单位进行上门服务，为档案保存、分类、整理等相关工作提供指导，提升档案人员的档案意识和业务技能。

（四）推进档案数字化和信息化工作，融入学校信息化建设体系

分批完成室藏档案的文件级目录著录和重要档案的全文扫描工作，构建档案目录数据库、档案全文数据库和多媒体档案数据库。随着"数字化校园"建设的开展，将档案信息化纳入学校信息化建设的整体进程，进入学校信息共享平台和公共服务平台，梳理主要业务流程，与学校 OA 系统对接，逐步实现文档一体化；积极推进档案在线查询和借阅平台建设，使档案利用更加便捷。

（五）推进档案编研工作，着力档案信息资源开发

树立主动服务意识，把握学校发展趋势，切实关注师生需求，大力开发利用档案信息资源，在年鉴、大事记等常规成果之外，多出创新、实用、多元的档案编研成果，不断扩大档案信息资源影响力，传承学校历史和精神。

（六）加大档案工作宣传力度，开展档案法律法规宣传教育

利用"国际档案日"、校庆纪念日、学生毕业季等特殊时期，发放宣传资料、张贴档案标语海报、开展校内讲座等，多平台多角度宣传档案工作；组织开展档案法制宣传活动，利用 OA 平台、微信微博、学院院报等多种途径营造学习贯彻档案法律法规的氛围，增强全校师生依法治档、依法用档的意识。

（七）加强档案科研工作，推进档案工作发展创新

积极改善档案工作环境，鼓励档案人员依托档案工作，从实际需要与解决问题角度出发进行探索创新和学术研究，既关注档案管理的基础理论研究，又重视档案管理的应用与实证研究，积极将研究成果与实践相结合，推动学校档案工作整体发展创新。

达州职业技术学院档案工作发展
"十三五"规划

为贯彻落实中共四川省委办公厅、四川省人民政府办公厅《关于进一步加强和改进新形势下档案工作的实施意见》和《四川省国家档案馆管理办法》精神，顺应档案管理工作日趋规范化、标准化的要求，我校设置档案科，规范工作制度、强化工作管理，加强档案服务工作日趋周到。依据《全国档案事业发展"十三五"规划纲要》，为推进我校档案事业全面协调发展，特制定达州职业技术学院档案事业发展"十三五"（2016 年—2020 年）规划。

一、指导思想

以邓小平理论、"三个代表"重要思想、科学发展观为指导，全面贯彻党的十八大和十八届三中、四中、五中全会精神，深入学习贯彻习近平总书记系列重要讲话精神，按照市委四届党代会和市委四届四次、五次、六次、七次、八次全会的部署，以"四个全面"战略布局为统领，按照创新、协调、绿色、开放、共享发展理念，继续实施"安全第一、以人为本、服务为先"战略，本着留住历史，服务现在，着眼未来的档案理念，工作上"用心用脑用力"，通过档案建设促进校内单位规范管理，围绕建设高水平大学目标，创造性开展工作，努力克服困难和问题，努力提升档案服务实践、服务大局的能力，努力探索档案事业发展的新思路、新方法，迎挑战，抓机遇，推进我校档案事业实现新的跨越。

二、总体目标

大力推进我院档案管理法制化、服务利用社会化、档案资源多元化和档案工作信息化进程，力争经过"十三五"期间建设，把达州职业技术学院档案馆建设成馆舍先进、功能齐备、馆藏丰富、管理规范、利用方便的档案信息服务中心。通过"十三五"期间的持续建设,力争在 2020 年前将我院档案馆建设成为全省一流的大学档案馆。

三、"十二五"取得的成绩及面临的困难

(一)"十二五"时期档案工作发展取得显著成就

"十二五"期间,在市委、市政府领导下,在市档案局指导下,通过学院各部门和档案工作者共同努力,我院档案工作"十二五"规划的总体目标基本实现,各项任务基本完成,取得了长足进步,迈上了新的台阶,特别是在档案收集方面,各类教学档案、人事档案、党政档案、基建档案资源已经归档完毕,保障了校内各单位、师生和社会对档案利用的基本需求,档案数字化和信息化建设已着手准备,档案管理机构制度建设,档案利用规范管理、综合治理和消防工作取得优异成绩,为我院综合发展做出了贡献。

1. 档案工作服务能力持续提升。达州职业技术学院创建"四川省示范高职院校"、建设新校区工作中需要查阅利用档案的数量大、种类多,档案管理人员对领导干部、广大师生及校外人士,按照相关政策规定和相应保密级别,全面、周到地开展档案资料的咨询、检索、借阅、复制和证明工作,及时有效地提供他们所需的资料,不仅极大地满足了社会的需要,同时也为学院领导决策、服务学院中心工作、服务师生、服务新校区发展和服务社会,发挥了积极作用。达州职业技术学院档案科的优质档案服务受到了社会的广泛好评,取得了良好的社会效益。

2. 档案工作任务责任落实明确。根据《达州职业技术学院档案管理实施意见》的规定,我院印发了《关于做好档案资料归档整理工作的通知》,对档案资料的收集范围、归档整理质量标准、归档时间等做了明确的规定。通知下发后,档案科深入各部门指导档案资料的收集工作,并与各部门的负责人签订了《达州职业技术学院档案管理目标责任书》,明确了档案工作中每个人的责任,加强了档案工作的任务落实。

3. 档案制度化建设扎实推进。我院在加强对教学档案、文书档案和会计档案管理的同时,还进一步强化了基建档案的管理。档案科不仅负责建立健全学院新校区基建档案工作的各项制度、岗位职责、管理办法,负责指导监理、施工、设计等单位的档案工作,同时整理立卷新区建设档案。档案管理人员认真贯彻执行《四川省重大建设项目档案管理办法》等管理规定,明

142

确管理职责，邀请市档案局、城建档案馆领导和专家，加强对施工、监理等学院新校区建设相关单位档案人员的业务培训和检查指导，注重档案资料的收集、整理、入卷、归档，确保建设过程中档案资料做到应收尽收、安全保管、科学利用。

4. 档案信息化进程加快。截至 2016 年 1 月共接收档案 5 级机读目录 512 条，录入文件级机读目录 11715 条，充实了档案数据库，基本实现了档案信息的资源共享，档案数据中心建设初具规模，完成纸质档案的整理工作，为下一步档案数字化，建立电子档案查阅室，提供电子档案现场查阅利用服务，打下了坚实的基础。

5. 档案室舍建设稳步发展。截至"十二五"末，档案室档案总量增长 3718 余卷（件、册），比"十一五"期末增长 11.2%；向社会开放利用档案 8600 卷（件）次，接待查阅利用者 6000 余人次；新（筹）建综合档案馆 1 个，总建筑面积达 1000 平方米。

（二）我院档案工作存在的问题

我院档案工作虽得到校领导高度重视，但是学院档案事业的发展还存在一些困难和问题：

1. 档案观念淡薄，对档案工作不够重视，不能达成档案建设的基本要求。部门对档案归档工作不重视，归档门类不齐全，档案整理不规范，造成一些档案内容欠缺，重要档案材料未能按时入室。加上档案室自身监督力度不够，由于档案室工作长期处于被动收集档案的配角工作状态，制度虽有，但操作性不强，执行力不够。学院扩招后，档案业务大量增加，而人力资源和经费均未增加，档案工作疲于应付，对档案工作重要性认识不足。

2. 档案载体单一，特色不够鲜明，不能适应日益多样化的档案利用需求。室藏结构呈现出"一多三少"即"一多"：纸质档案多，主要是文书、教学档案比较齐全；"三少"：一是实物档案少，尤其是荣誉性、纪念性实物馆藏少；二是声像档案少；三是学校建校初期的档案少。

3. 室舍面积狭小，库房条件简陋，不能满足档案规范化建设需要。档案室现有的室舍库房面积小，且无法室舍承重安装密集档案柜，增加了档案保管成本，阅档室狭小，档案工作查阅条件差。

4. 校史文化发掘和研究力度不够，不能充分发挥档案工作对学院全面工作的促进作用。我院是一个拥有七十多年办学历史的大学，主校区无历史古迹，而全国的重点大学和我省的本科院校均建设有校史馆。学院校史研究刚刚起步，档案文化在构建和谐校园、和谐社会的作用还远未真正发挥出来。

5. 信息化、数字化建设设备落后，不能满足档案信息化建设需求。对档案工作信息化重视不够，缺乏开拓创新精神。信息化的发展给档案管理工作带来新的机遇和挑战，对如何运用信息化手段来创新档案工作认识不足，措施不力。全国档案馆均在进行档案数字化建设，我院信息化工作滞后，目前档案管理信息化仅在目录检索上，档案全文数字化还未全面展开，许多历史档案急需进行数字化建设。

6. 后勤保障不足，学习交流不够，制约了档案室的长期发展。档案室工作人员长期处于不流动状态，档案工作人员待遇差，档案业务经费少，培训学习机会少，事业发展空间受限。档案室人员知识结构、年龄结构不够合理，高学历的档案专业、信息专业人才缺乏。

四、"十三五"时期档案事业发展面临的形势

档案工作是记录历史、传承文明、服务社会、造福人民的重要工作，是软实力建设的重要组成部分。"十三五"是我国全面建成小康社会的决胜时期，中共中央办公厅、国务院办公厅印发《关于加强和改进新形势下档案工作的意见》（中办发〔2014〕15 号），这是党中央、国务院在深化改革的新形势下为促进我国档案事业发展做出的重大决策部署，将推动全国档案事业步入快速发展的新轨道。《四川省国家档案馆管理办法》就强化依法治档、强化国家综合档案馆建设等若干重大事项提出了明确要求和具体措施，为我校档案事业规划了新格局、绘制了新蓝图、注入了新活力，必将有力引领和推动我校档案事业科学发展。

今后五年，我院档案事业发展要适应时代的新发展、适应党委的新要求、适应人民群众的新期待，既要围绕中心、服务大局，又要着力推进自身的科学发展、跨越发展。充分运用改革的办法、法治的思维，创新档案治理机制体制，持续激发档案工作活力，突破传统的工作方式方法，努力拓展档案管理和服务功能。注重档案事业整体协调发展，推动服务发展和自身发展相统一，把档案部门履行工作职能的重心从为党政机关服务转移到为经济社会发展提供全方位服务上来；从传统的保管利用转移到强化行政监管和档案文化建设上来，拓宽档案工作的覆盖面，增强档案事业全面发展能力。

五、我院档案工作"十三五"期间发展措施

(一)完善档案制度建设

完善档案管理制度建设,提高依法治档水平。制度化是规范管理的基础,档案管理必须有章可循,档案征集必须执行有力。在"十二五"期间在重点落实《达州职业技术学院关于贯彻落实〈高等学校档案管理办法〉意见》基础上,进一步同各部门各单位沟通合作,按部门和单位确定各类档案的收集范围和保管期限,保证各类档案的准确性、真实性和完整性,通过档案工作这一抓手,来促进校内单位规范管理。

(二)加快档案科硬件建设

加强档案科基础设施建设,按照档案馆"四位一体"功能的要求和《档案馆建筑设计规范》,在新校区(筹建)建设建筑面积达 1000 平方米的档案馆,完善各项配套设施,改善档案保管条件,建设一个集"档案、校史、文博、展览"于一体的现代化档案馆。

(三)夯实档案基础业务工作

1. 扩大档案收集范围,建立特色档案,改善档案收藏结构。在"十二五"期间,加强档案收集指导工作,更加注重校史档案收集。结合实际需求,加强对达州职业技术学院各个时期的有重要参考及凭证价值档案和重大活动、重大事件、重点工程等档案的收集;加强特色珍贵档案建设,有重点、有计划地征集散失在社会上的珍贵档案;继续做好名人档案、实物档案和声像档案、照片档案等多媒体特色档案的征集归档工作,丰富校史馆藏。

2. 做好基础业务建设,夯实服务基础。加强档案的整理、编目、保管、保护等档案室业务工作,开展馆藏珍贵档案价值鉴定,做好重要档案的抢救工作,完善档案检索体系,加快档案开放进度,提高档案的利用率,更好地维护档案资源的真实价值和信誉,服务教学科研,服务师生员工,服务社会民众。

3. 加强对室藏档案的编研,提高学校的历史文化品位。通过档案资料编研,出一批编研成果,为筹建中的新校区校史馆展览做好展品收集和准备工作。

(四)推进档案信息化建设

1. 完善档案信息门户网站建设。力争网站栏目合理、内容丰富、更新

及时,基本能够满足社会各界、师生员工和利用者对档案网上信息的需求。至"十三五"末期,完善学校档案信息平台和公共利用服务平台。

2. 启动电子档案在线接收系统建设项目,至"十三五"末期,校内各单位全部建成电子档案在线接收系统,与档案信息网结合,实现在线实时接受电子文件,实现数据无缝链接。

3. 全面启动学院档案室藏数字化建设,包括档案目录数据库建设、档案全文数据库建设和多媒体档案数据库建设,分期分批对历史档案进行数字化加工,力争在"十三五"末期全面实现重要历史纸质档案数字化,增量档案纸质电子一体化归档。

(五)加强档案队伍建设

1. 打造一支过硬的专业档案员队伍。加强室内部规范管理,建立合理的管理架构,明确岗位责任,加大业务培训力度,建设学习型团队,力争打造一支专业结构合理、爱岗敬业、富有创新精神的专职档案员队伍。

2. 建设好兼职档案管理网络。建立培训考核和表彰处罚机制,不断提高各单位分管档案领导的档案意识和兼职档案员的业务素质,建设一支热爱档案事业,责任心强,执行有力的兼职档案员队伍。

(六)加快筹建校史博物馆

在"十三五"期间为筹划校史博物馆展览做好材料展品收集和准备,首先建设网上校史馆,筹备校史馆展览工作,使校史馆成为追溯历史、宣传当代、展望未来的窗口,将校史馆建设成为教工爱岗敬业、学生励志成才、校友回味历史的爱国爱校教育基地,力争 2020 年前建设成为全省的爱国主义教育基地。

(七)档案的编研开发要有明显成果

发挥好档案馆"四位一体"功能的作用,充分挖掘馆藏档案珍品,举办有影响、高质量的档案展览,出版有价值、高品位的档案文化产品。做好档案利用工作,提高服务质量,最大限度地满足社会各界和广大师生的需求。

六、我院档案工作"十三五"保障措施

(一)立足改革创新

自觉地以马列主义、毛泽东思想、邓小平理论、"三个代表"重要思想及科学发展观武装头脑并实际运用到自己的工作中去,工作上用心用脑用

力，时刻意识到档案工作的重要性，通过档案工作创新，促进管理创新，不断拓展档案工作的服务内涵。

（二）强化依法治档

根据《中华人民共和国档案法》、教育部《高等学校档案管理办法》的要求，加强档案规范化管理，对档案工作先进单位和个人给予表彰，对违反档案法规的行为严肃查处，绝不姑息。

（三）加大资金投入

加大对档案工作的经费投入，学校为各项业务的开展提供年度预算经费保障，使档案事业的发展与学校各项事业发展同步，积极争取建设专项经费。

（四）建设档案队伍

多方面的开展档案专业培训，提高档案队伍的业务素质，有计划地培养一批档案业务骨干和档案学科带头人，与学校档案事业建设发展相适应，建设具有档案学、历史学、陈列设计、计算机软件、摄影录像、编辑制作、临摹装裱等各类专业人才和综合实力的创新团队。

（五）做好档案工作宣传

大力宣传档案法规，强化全院师生员工档案意识，做到档案工作"三纳入、四同步"。坚持档案为学校教学科研管理服务、为学校内涵建设服务、为构建社会主义和谐社会服务和为全面建设小康社会服务。

（六）加速档案信息化建设

把档案信息化纳入学校信息化建设的总体规划，争取校内各单位的政策支持和资金支持，将档案信息资源建设与信息资源开发利用工作和建设结合起来。

七、档案工作"十三五"建设项目

（一）达州职业技术学院档案馆建设

按照档案馆"四位一体"功能的要求和《档案馆建筑设计规范》，在新校区建设专门场馆，完善配套设施，建设一个集"档案、校史、文博、展览"于一体的现代化档案馆。

项目建设资金：校内专项建设经费。

实施时间：2016 年开始申报，2017 年 12 月前全部完工交付使用。

（二）达州职业技术学院档案信息网

基于 ASP 技术，网站栏目合理，内容丰富，更新及时，基本能够满足社会各界和人民群众对档案信息及校务公开信息的需求。

项目建设资金：列入每年档案工作的业务费。

实施时间：2017 年开始筹建，不断丰富完善。

（三）馆藏档案数据库

全面启动全校业务档案数据库建设，包括档案目录数据库建设、档案全文数据库建设和多媒体档案数据库建设。

项目建设资金：由学校申请专项经费。

实施时间：2017 年开始，2016 年前完成馆藏重要档案数据库建设。

（四）电子档案在线接收系统

研制开发"电子档案在线接收系统"，接收电子存档信息，方便同校内各类档案形成单位管理数据库的数据无缝链接，至"十三五"末期，全部建成档案馆在线接收校内单位电子档案文档，校内单位在线实时向档案馆数据库传输数据。

项目建设资金：申请专项经费。

实施时间：2018 年开始，二年内完成。

（五）人事档案数据库

实现达州职业技术学院在职和离退休教职工人事档案信息电子化管理，开放不同权限方便校内单位网络使用。

项目建设资金：申请专项经费。

实施时间：2016 年启动，二年内完成。

（六）校史博物馆

广泛征集和收集校史档案资料实物，组建专兼职校史编研队伍，开展校史资料收集和编研活动，建设网上校史馆，出版校史研究书籍和文艺作品，为南昌大学校史博物馆设计规划及陈列展配套做好工作。

项目建设资金：校史资料征集编研经费列入每年档案工作的业务费。

校史博物馆陈展建设作为校友捐赠项目和申请专项经费。

实施时间：2016 年 10 月启动，作为今后日常工作。

（七）声像档案馆

收集和整理达州职业技术学院不同时期形成的各类声像、照片档案，建设声像档案数据库和多媒体阅档室。

项目建设资金：声像、照片档案收集编研列入每年档案工作的业务费；多媒体阅档室设施建设作为校友捐赠项目和申请专项经费。

实施时间：2015 年开始启动，新档案馆建成后启动多媒体阅档室建设。

四川托普信息技术职业学院档案工作
"十三五"发展规划

为推动我院档案工作健康、有序、可持续发展，使档案工作在为学院各项工作服务中发挥更大作用，根据《四川省档案局办公室关于报送全省高校档案工作"十三五"规划的通知》的基本精神和总体要求，制定本规划。

一、档案工作现状

1. 档案工作组织机构设置情况

作为集中管理学院档案的业务部门，学院档案室成立于 2003 年，先后隶属于学院办公室、图书档案馆。档案室现有专职管理人员二人，兼职人员二十四人。

2. 硬件设施、设备建设情况

近年来，学院各级领导给予了档案工作高度重视和支持，档案室在软硬件设备和办公条件方面都得到了较大的改善。档案室现有建筑面积 240 平方米（其中库房面积约 200 平方米），库房配有各种柜架、除湿机等，办公室配有电脑、扫描仪、打印机以及各种装订设备，并做到办公、阅览、库房三分开。

3. 馆藏情况

档案室馆藏一个全宗，按《学院档案管理办法》进行分类、编号、编目、排架，共分为党群、行政、教学、基建、科研、资产设备、财会、学生、声像实物、出版等十大类。目前馆藏档案 18200 余卷，案卷排架长度约 500 米。

4. 近几年档案工作情况

"十二五"期间，在省厅局、协会、学院各级领导的重视、领导、支持、指导下，在全校专兼职档案工作者的积极努力下，学院档案工作认真贯彻落实科学发展观，积极进取，改革创新，取得了长足的进步，跨上了新的台阶；严格执行档案法律法规，扎实开展档案管理工作，立足长远，先后制订、修订了《四川托普信息技术职业学院档案管理办法》《四川托普信息技术职业学院文件材料归档范围》等多项制度；积极拓展服务方式，为档案利用者提供优质高效的服务，成效显著；积极开展业务培训和学习交流，专兼职档案队伍业务水平进一步得到提升，使得档案工作在学院各项工作中发挥了重要作用。

5. 存在的问题和改进措施

"十二五"期间学院档案工作取得的成绩，为"十三五"学院档案工作的发展奠定了良好基础，但也存在着一些问题，制约了档案工作的健康发展：立足长远的档案管理制度有待完善；档案信息化建设经费投入不足，相关基础设施缺乏，馆藏档案数字化工作进展缓慢；部门立卷工作尚未开展；档案管理水平和档案资源开展利用水平有待提高；专兼职档案管理队伍的整体素质有待加强。只有解决了上述问题，学院档案工作才能在"十三五"期间取得进一步的发展。

二、指导思想

以邓小平理论和"三个代表"重要思想为指导，深入贯彻落实科学发展观，认真落实全国教育工作会议和档案工作会议以及《国家中长期教育改革和发展规划纲要（2010-2020）》《高等学校档案管理办法》精神，紧紧围绕学院教育事业战略目标、总体规划和中心工作，充分发挥高校档案和档案工作存史、资政、育人的功能，全面提升学院档案工作的服务能力和水平，发挥档案工作服务学院教育、科研、管理，服务全院师生员工，服务社会的需求。

三、总体目标

以档案资源、档案利用、档案安全三个体系建设为核心，以档案规章制度建设为基础，以服务师生、服务学院、服务社会为宗旨，大力推进学院档案管理法制化、服务利用社会化、档案资源结构多元化、档案工作信息化进程，力争经过"十三五"期间建设，把四川托普信息技术职业学院档案室建设成为馆舍先进、功能完善、馆藏丰富、管理规范、利用方便的信息服务中心。在此基础上，不断推进保存学院历史、展示学院文化、传承学院精神、服务学院及社会的现代化、多功能、综合性档案文化管理平台建设。

四、主要任务及措施

1. 完善档案管理制度

完善档案管理制度，提高依法治档水平。档案是规范管理的基础，档案管理必须有章可循，档案征集必须执行有力。在"十三五"期间重点落实《四川托普学院档案管理办法》的基础上，进一步同各部门各系沟通合作，按部门和单位确定各门类档案的收集范围和保管期限，保证各门类档案的准确性、真实性和完整性。

2. 做好档案基础业务工作

扩大档案收集范围，建立特色档案，改善档案收藏结构，在"十三五"期间，加强档案收集指导工作，注重校史档案收集，结合实际需要，加强对学院各个时期有重要参考和凭证价值档案和重大活动、重大事件、重点工程等档案的收集，继续做好实物档案、声像档案等多媒体特质档案的收集，丰富校史馆藏。

加强档案的整理、编目、保管、保护等业务工作，开展馆藏档案价值鉴定，完善档案检索体系，加快档案开发进度，提高档案利用率，更好地维护档案资源的真实价值，服务教学科研，服务师生员工。

3. 不断推进档案基础设施建设

按照国家档案局、教育部联合下发的《高等学校档案管理办法》（27号令）的有关规定，加强档案基础设施建设，完善各项配套设施，改善档案保管条件，建设一个集"档案、校史、文博、展览"于一体的现代化档案中心。

4. 推进档案信息化建设

完善档案门户网站建设，力争栏目合理、内容丰富、更新及时，基本满足利用者对档案网上信息的需求。至"十三五"末，争取基本建立起完善的档案信息平台和公共利用服务平台。

启动电子档案在线接收系统建设，至"十三五"末，校内各单位基本建立起电子档案在线接收系统，与档案信息网结合，实现在线实时接收电子档案，实现数据无缝连接。

全面开展档案信息化建设，特别是数字档案馆建设，持续开展馆藏核心档案的数字化工作，包括目录数据库建设、档案全文数据库建设、多媒体档案数据库建设,力争在"十三五"末实现重要纸质档案数字化,增量档案纸质电子一体化归档。

5. 加强档案队伍建设

打造一支过硬的专业档案员队伍。加强内部规范管理,建立合理的管理结构,明确岗位职责,加大业务培训力度,建设学习型团队。

建设好兼职档案管理网络。建立培训考核机制,不断提高兼职档案员的档案意识和业务素质。

6. 切实加强档案安全工作

配置符合档案保管要求的档案库房、设备和安全防护监控设施,建立实体档案消毒防虫制度,定期进行档案安全检查。

加强数字档案资源安全保障体系建设,在做好日常数字档案的安全备份、检查的基础上,分步建设数字档案异地备份系统,逐步形成数字档案的安全保障体系。

四川国际标榜职业学院档案工作"十三五"规划（2016—2020）

为贯彻落实中共中央办公厅、国务院办公厅《关于加强和改进新形势下档案工作的意见》和中共四川省委办公厅、四川省人民政府办公厅《关于进一步加强和改进新形势下档案工作的实施意见》，贯彻落实《国家中长期教育改革和发展规划纲要（2010—2020 年）》，全面推进我院档案工作科学稳步发展，进一步完善我校档案工作规范化管理，更好地发挥档案工作为学院建设发展和广大师生服务的功能，根据四川省档案局《关于报送全省高校档案工作"十三五"规划的通知》（川档办发〔2016〕1 号）要求，学院现制定四川国际标榜职业学院档案工作"十三五"规划。

一、学院简介

四川国际标榜职业学院创办于 1993 年，是经四川省人民政府批准，国家教育部备案的公益性民办普通高等职业学院。目前主要招收专科层次全日制学生。学院现有在校生总数 8210 人。除此之外，学院常年进行职业技能资格短期培训，并对在职从业者进行短期培训。学院现有专兼职教师 653 人，其中专任教师 512 人，专任教师中正高职称 29 人，副高职称 130 人；具有研究生以上学历教师 186 人（其中博士 12 人）；"双师型"教师 235 人；拥有四川省省级专业教学团队 2 个、全国优秀教师 1 人、省级高校教学名师 3 人。学院设置了健康学院、艺术与设计学院、商学院、人文与外事学院、继续教育学院 5 个二级学院，开设了医疗美容、健康管理、人物形象设计、服装设计、室内设计、古旧家具修复、影视制作、动漫、财经、土建、制造、涉外旅游等 32 个专业。

近年来，学院先后获得了教育部授予的"全国教育系统先进集体"称号，民政部授予的"全国先进社会组织"称号，教育部中国教师发展基金会授予的"全国民办教育先进集体"称号，中共四川省委、四川省政府授予的"四川省城乡环境综合治理进学校先进单位"称号，四川省教育厅授予的"四川省民办教育先进集体""四川省尊师重教先进单位""四川省毕业生就业工作先进单位""四川省高校园林式校园""四川省高校标准化学生公寓""四川省高校后勤产业评比先进单位""四川省高校标准化食堂"称号等。

2007年，学院接受国家教育部高职高专人才培养工作水平评估获得优秀，成为四川省当时唯一经过该项评估获得优秀等级的民办高校（川教【2008】166号）。2012年，四川省教育厅、财政厅批准学院为省级示范建设立项单位。至2014年，学院全面完成省级示范高职建设方案和建设任务书中的各项指标，总体完成率达到132%，顺利通过四川省教育厅和财政厅组织的专家组的评估验收。2013年6月，学院被四川省人力资源与社会保障厅批准建立省级高技能人才培训基地。2014年7月，学院人物形象设计和社会体育专业成为四川省高等职业院校重点专业建设项目。2014年，学院成为"四川省科教兴川示范基地"。

二、"十二五"期间学院档案工作取得的主要成绩

"十二五"期间，学院顺利通过了"四川省档案工作规范化管理一级单位"评审，被四川省档案局评为"四川省档案工作规范化管理一级单位"，并被四川省档案局、四川省人力资源和社会保障厅授予了"四川省档案工作先进集体"称号。

学院现有专职档案人员5名，均具有本科及以上学历；专职档案人员中，副高职称2人，中级职称1人，初级职称2人。档案室现有面积428平方米。截至目前，室藏文书档案3801卷57283件，科技档案589卷3542件，财会档案1992卷2958件，学生档案10748卷，课程档案及其他专项档案4942卷，照片档案247卷16010张，光盘档案4266张，实物档案784件。

学院档案工作始终坚持集中统一管理的原则，实现了统一领导、统一机构、统一制度。2009年，学院成立了档案工作委员会，由学院院长任主任委员，学院党委书记和相关副院长任副主任委员，各职能部门负责人和档案室负责人为主要成员。学院档案规范化管理在档案工作委员会的领导下，开展了一系列卓有成效的工作。"十二五"期间，学院继续坚持了"档案管理与各部门负责人及兼职档案管理人员的月绩效工资和年留存绩效工资挂钩"

的档案管理考核制度，按月考核各部门负责人和兼职档案人员收集整理和移交电子档案的工作，按年度考核各部门综合性档案收集整理和移交工作；继续坚持了根据实际情况按年度修订各部门当年度归档范围细化目录的工作，并在每年初将归档范围细化目录发给各部门，使各部门在每年初就非常明确清楚地按照细化目录进行档案资料的收集和整理，避免了档案收集的盲目性。学院明文规定，"各部门（系、部、院）、实训和实践基地（工厂）负责人为本部门档案工作的第一责任人，各部门负责电子、声像、实物、纸质档案资料收集、整理、立卷及每月电子文件归档和年度综合性档案归档的行政岗人员为第二责任人"。这些制度和举措的长期实施，使学院档案规范化管理工作得以顺利开展。

2013 年是学院建校 20 周年，学院举办了一系列的庆祝活动。学院档案工作在校庆工作中也发挥了应有的作用。除了提供建校以来大量的档案史料外，还完成了《四川国际标榜职业学院校史》的重新修订，编撰制作了校史（电子画册），完成了建校 20 周年校史陈列室的布展工作。

三、"十三五"期间学院档案工作发展规划

随着学院的不断发展和进步，学院档案工作迎来了新的机遇和挑战。"十三五"期间，学院档案工作具体将有以下几项目标付诸实践。

（一）理顺管理体系，做好二级学院档案收集归档

为适应区域经济和产业发展的新常态，适应国家高等教育改革发展的需求，贯彻国家加快现代职业教育体系建设的相关精神，促进学院快速、健康和可持续发展，2015 年下半年开始，学院着手在原 7 系 1 部的基础上筹建二级学院，目前已筹建成立了健康学院、商学院、艺术与设计学院、人文与外事学院，各二级学院下设系部、研究所、实验实训基地等。二级学院的建立，给理顺档案管理体系提出了新的要求。在新形势下，档案工作要继续坚持集中统一管理的原则，在原基础上建立符合新情况的档案管理体系。要充分利用二级学院这一管理层级，以各二级学院办公室为抓手，做好各二级学院及下设系部、研究所、实验实训基地各类档案资料的收集、整理和移交归档，保证学院所有档案资源归档移交到综合档案室统一管理，避免档案资源的流失，保证学院档案资源体系的健全。各二级学院及下设系部、研究所、实验实训基地的归档范围细化目录，要由学院综合档案室、二级学院、系部根据国家档案管理相关规定，结合学院实际共同制定和落实，这样才能从来

源上保证所收档案的价值，也才能使档案资源更好地为学院的中心工作服务。

（二）突出规范管理，重视新校区建设档案收集建档

在着力筹建二级学院的同时，为了满足办学需求，学院的新校区建设工程也将在"十三五"期间全面启动。面对新校区的建设，学院档案工作有两个问题需要解决：一是新校区建成验收前基建项目档案的收集建档，二是新校区建成投入使用后档案管理和提供利用的两地运行。

新校区基建项目档案收集，一是要在建设施工前的合同签订阶段，就要与勘测、设计、施工、监理等单位约定好相应基建档案的收集整理责任，二是学院负责基建工作的专兼职档案人员要定期检查跟进，大型基建项目的档案资料可按施工阶段分期分批验收归档，三是项目竣工验收必须包括档案资料的验收，争取做到新校区基建档案工作与基建工作同规划、同部署、同检查、同验收，全面覆盖，档案部门全程参与指导监督检查。对于立项的重大建设项目，要按照《国家重大建设项目文件归档要求与档案整理规范》和《重大建设项目档案验收办法》执行。学院新校区建设档案的收集、建档、检查、验收工作是"十三五"期间学院档案工作的重点之一。

新校区建成投入使用后，可视情况在新校区设立档案分室，做好数字档案馆建设，着力实现两地档案资源的共享。

（三）适应学院发展，加强升本档案管理和升本后的档案资料管理

学院正在积极申办本科，学院将继续加强升本专项档案的管理，依托各二级学院、职能部门，加强升本档案资料的收集、整理、归档和利用工作。同时，在学院部分专业升入本科后，立即将本科和专科的教学、科研、课程档案等档案资料划分出来，实行分类分层级管理，使学院档案工作与学院的发展和建设完全同步。

（四）加大硬件投入，解决档案资源存储空间扩展问题

随着室藏档案资源的进一步丰富，档案存储空间不足的问题日渐凸显。"十三五"期间，学院将加大对档案库房建设的投入，档案室新址或扩建空间将参照《档案馆建设标准》和《档案馆建筑设计规范》要求，科学设置档案保管专门用房，配备满足档案管理需要的设备，保证新建库房的安全防灾达到标准，改善档案保管条件，确保档案安全。档案室新增空间将主要用于存储课程档案、学生档案等增速较快类别的档案。

在扩展纸质档案存储空间的同时，学院电子档案资源的存储方式将纳入探讨和探索之列。除了现有的光盘存储、刻录备份的方式外，学院计划在"十三五"期间学习和探讨磁盘阵列等电子资源存储方式，这样不仅有助于解决电子资源存储空间扩展、资源多套备份甚至异地备份的问题，还能在档案资源的提供利用方式上有所突破，健全档案利用体系。我们将进一步加强电子文档的管理，提高电子文档长期安全保存的水平，实现重要电子文档异地异质备份保管，努力建设数字档案室，争取将学院档案工作信息化纳入学院信息化建设总体方案。

（五）提升管理水平，抓好档案队伍职称晋升工作

"十三五"期间，学院将进一步做好档案管理和科研工作，争取使学院现有的 5 名专职档案员的职称进一步提升，达到 3 名高级职称、2 名中级职称的目标。同时，要着力培养档案人员埋头苦干、锐意进取的精神，着力培养一支业务熟练、充满活力的专业档案人员队伍。在提升专职档案人员专业性的同时，学院还将继续坚持对兼职档案人员的定期培训，提高学院档案管理队伍的整体水平。

四、结语

"十三五"期间，学院将按照国家和四川省档案局关于规范化管理的要求，继续做好档案工作规范化管理，力求在组织管理、硬件设施、基础业务、档案利用等方面继续保持高标准。同时，还将以推进档案工作规范化管理为契机，不断提升学院档案工作的服务能力和水平，推动《归档文件整理规则》（DA/T 22－2015）、《会计档案管理办法》（财政部国家档案局令第79 号）的执行。"十三五"对于学院的档案工作而言充满了机遇和挑战，我们将迎难而上，开拓前行。

四川财经职业学院档案工作"十三五"规划

为贯彻落实中共中央办公厅、国务院办公厅《关于加强和改进新形势下档案工作的意见》、中共四川省委办公厅、四川省人民政府办公厅《关于进一步加强和改进新形势下档案工作的实施意见》以及《国家中长期教育改革和发展规划纲要（2010—2020 年）》文件精神，加强和改进我院档案工作，完善档案工作体制机制建设，创新我院档案工作规范管理，依照教育部、国家档案局关于编制全国教育事业发展和档案事业发展"十三五"规划的要求，特制定四川财经职业学院档案工作"十三五"规划。

一、指导思想

以邓小平理论和"三个代表"重要思想、科学发展观为指导，全面贯彻落实党的十八大和十八届三中、四中、五中全会精神，紧紧围绕学校教育事业战略目标、总体规划和中心工作，充分发挥高校档案和档案工作存史、资政、育人的功能，全面提升学校档案工作的服务能力和水平，建立与学校和社会发展相适应的档案馆，发挥档案工作服务学校教学、科研、管理，服务全校师生员工、历届校友、服务社会各界需求的作用。

二、总体目标

大力推进学院档案管理法制化、服务利用社会化、档案资源结构多元化和档案工作信息化进程，力争经过"十三五"期间内涵建设，把四川财经职业学院档案馆建设成馆舍先进、功能完善、馆藏丰富、管理规范、利用方便的具有高职特色的档案信息服务中心。

三、"十二五"取得的成绩及存在的问题

（一）"十二五"时期档案工作取得的成绩

"十二五"期间，在四川省档案局和四川省高等学校档案工作协会指导下，在学院领导的重视与支持下，我院档案事业发展"十二五"规划的总体目标基本实现，各项任务基本完成，特别是成立了四川财经职业学院档案馆，配备了专职档案人员；购置了档案系统软件。在档案收集方面：各类党政档案、科研档案、基建档案资源已经大部分归档，保障了学院内部各部门、各单位、师生和社会对我院档案信息资源利用的基本需求。根据党和国家对档案工作的新要求，开始进行我院档案管理的制度建设和修改完善工作。档案信息化建设已纳入档案工作规范的进程。

（二）档案工作存在的问题

档案工作越来越受到社会各界关注，学院领导高度重视档案工作，但是学院档案事业的发展还存在一些困难和问题，主要表现在：

1. 由于我院档案馆成立时间短，对院内各部门档案工作和相关责任人的档案意识的宣传和培训不够，档案管理规范化较弱，业务性文件材料收集不够齐全、规范。

2. 档案载体较为单一，特色不够鲜明，不能适应日益多样化的档案利用需求。馆藏结构呈现出"一多三少"，即"一多"：纸质档案多，主要是文书、教学、基建档案比较齐全；"三少"：一是实物档案少，尤其是荣誉性、纪念性实物馆藏少；二是声像档案少；三是学校建校初期的档案少。

3. 信息化建设滞后，不能满足档案信息化建设需求。对档案工作信息化重视不够，缺乏开拓创新精神。信息化的发展给档案管理工作带来新的机遇和挑战，对如何运用信息化手段来创新档案工作认识不足，措施不力。现今各高校档案馆都在做档案数字化建设，我院信息化工作滞后，目前档案管理信息化仅在目录上和少量的电子文档保存，档案全文数字化还未开始，许多历史档案急需进行数字化建设。

4. 档案人员知识结构不够全面科学化。档案专业、信息专业人才缺乏。

（三）主要原因

因档案馆成立不久，全院教职工档案意识不强，专兼职人员的档案业务水平有待提高，经费投入有限，档案管理各项基础工作还比较薄弱，需要进

一步提高。在档案信息资源、档案信息化建设方面还有待学习和开发;对档案管理工作缺少深入研究,工作作风需要进一步改进,服务质量需要进一步提高。

四、我院档案工作"十三五"期间发展措施

(一)完善档案制度建设

进一步完善档案管理制度建设,提高依法治档水平。档案是规范管理的基础,档案管理必须有章可循,档案征集必须执行有力。在"十三五"期间,工作重点落在四川财经职业学院关于贯彻落实《四川财经职业学院档案管理办法》实施细则基础上,修改、完善档案管理的相关规章制度并同各部门、各单位协调沟通,按部门和单位确定各类档案的收集范围和保管期限,保证各类档案的准确性、真实性和完整性,通过档案工作这一抓手,促进学院内部各部门、各中心单位规范管理。

(二)夯实档案基础业务工作

1. 扩大档案收集范围,建立特色档案,改善档案收藏结构。在"十三五"期间,加强档案收集指导工作,更加注重校史档案收集。结合实际需求,加强对四川财经职业学院各个时期有重要参考及凭证价值档案和重大活动、重大事件、重点工程等档案的收集;加强特色珍贵档案建设,有重点、有计划地征集散失在社会上的珍贵档案;继续做好实物档案和声像档案、照片档案等多媒体特色档案的征集归档工作,丰富馆藏结构。

2. 做好基础业务建设。加强档案的整理、编目、保管、保护等档案馆业务工作,开展馆藏珍贵档案价值鉴定,做好重要档案的抢救工作,完善档案检索体系,加快档案开放进度,提高档案的利用率,更好地维护档案资源的真实价值和信誉,为学院教学、科研、管理服务,为学院师生员工服务,为社会大众服务。

3. 加强档案的编研工作,服务学校发展。加强对馆藏档案的编研,提高学院的历史文化底蕴。通过档案资料编研,印制编研成果,为筹建中的四川财经职业学院校史馆展览做好材料展品收集和准备工作。

(三)加快档案馆基础设施建设

加强档案馆基础设施建设,按照档案馆"四位一体"功能的要求和《档案馆建筑设计规范》,在新建档案馆的基础上,完善各项配套设施,改善档

案保管条件，建设一个集"档案、文博、展览"于一体的现代化档案馆。

（四）推进档案信息化建设

1. 建立档案信息门户网站。以创新、协调、绿色、开放、共享发展理念为引领，合理布局网站栏目，丰富网站信息，及时更新网站信息，尽力满足社会各界、师生员工和利用者对档案网上信息的需求。到"十三五"末期，完善学校档案信息平台和公共利用服务平台。

2. 启动电子档案在线接收系统建设项目，至"十三五"末期，院内各部门、各中心单位全部建成电子档案在线接收系统，与档案信息网结合，实现在线实时接受电子文件，实现数据无缝连接。

（五）加强档案队伍建设

1. 打造一支过硬的专业档案员队伍。加强馆内规范管理，建立合理的管理架构，明确岗位责任，加大业务培训力度，建设学习型团队，打造一支专业结构合理、爱岗敬业、富有创新精神的专职档案员队伍。

2. 加强学院档案管理网络的建设。建立培训考核和表彰处罚机制，不断提高各部门、各中心单位分管档案领导的档案意识和兼职档案员的业务素质，建设一支热爱档案事业，责任心强，执行有力的兼职档案员队伍。

（六）档案的编研开发有明显成果

尽力开发围绕学院不同时期的中心工作，编制适用的档案编研材料，做好学院档案利用工作，提高档案工作的服务质量。

五、实施重点项目

（一）四川财经职业学院档案馆

按照档案"四位一体"功能的要求和《档案馆建筑设计规范》，在图书信息楼建设专门场馆，完善配套设施，建设一个集"档案、文博、展览"于一体的现代化档案馆。

项目建设资金：院内专项建设经费。

实施时间：2016年开始，2018年12月前全部完工交付使用。

（二）四川财经职业学院档案信息网

合理配置网站栏目，内容丰富，更新及时，能够满足社会各界和人民群众对档案信息及校务公开信息的需求。

项目建设资金：列入每年档案工作的业务费。

实施时间：2017 年开始实施，不断丰富完善。

（三）电子档案在线接收系统

开发"电子档案在线接收系统"，接收电子存档信息，方便同院内各类档案形成单位管理数据库的数据无缝连接，至"十三五"末期，全部建成档案馆在线接收校内单位电子档案文档，院内单位在线实时向档案馆数据库传输数据。

项目建设资金：申请专项经费。

实施时间：2017 年开始，2020 年内完成。

（四）馆藏档案数据库

全面启动学院业务档案数据库建设，包括档案目录数据库建设、档案全文数据库建设和多媒体档案数据库建设。

项目建设资金：列入每年档案工作经费。

实施时间：2017 年开始，2020 年前完成馆藏重要档案数据库建设。

六、保障措施

（一）立足改革创新

自觉地以邓小平理论、"三个代表"重要思想及科学发展观、习近平系列讲话精神武装头脑并运用到实际工作中去，将用心、用脑、用力贯穿到每个档案人思想里，时刻意识到档案工作的重要性，通过档案工作创新，促进管理创新，不断拓展档案工作的服务内涵。

（二）强化依法治档

根据《中华人民共和国档案法》、教育部《高等学校档案管理办法》、中共四川省委办工厅四川省人民政府办公厅《关于进一步加强和改进新形势下档案工作实施意见》（川委办〔2015〕2 号）、《四川财经职业学院档案管理工作规范实施细则》等要求，做到有章可循，严格实施。对档案工作先进单位和个人给予表彰，对违反档案法规的行为严肃查处，绝不姑息。

（三）加大资金投入

加大对档案工作的经费投入，学院将为档案工作各项业务的开展提供专用年度预算经费保障，使档案事业的发展与学校各项事业发展同步。

（四）建设档案队伍

开展多种形式的各类培训，提高档案队伍的业务素质，有计划、有目的地培养一批档案业务骨干，与学院档案事业发展相适应，打造一支具有档案、设计、计算机软件、历史等各类专业人才综合性的创新团队。

（五）做好档案工作宣传

大力宣传档案法律法规，强化全院师生员工档案意识，做到档案工作"三纳入、四参加"。坚持档案为学院的教育教学、科研管理服务，为学院内涵建设服务，为社会各界和人民群众服务。

（六）加快档案信息化

把档案信息化纳入学院信息化建设的总体目标，争取政策支持和资金支持，将档案信息资源建设与信息资源开发利用工作有机地结合起来。

四川大学锦江学院档案事业发展"十三五"规划

根据四川省档案局办公室关于报送全省高校档案工作"十三五"规划的要求，特制定四川大学锦江学院档案事业发展规划。

一、指导思想

以邓小平理论、"三个代表"重要思想、科学发展观为指导；全面贯彻落实中共中央办公厅、国务院办公厅《关于加强和改进新形势下档案工作的意见》，中共四川省委办公厅、四川省人民政府办公厅《关于进一步加强和改进新形势下档案工作的实施意见》；本着留住历史借鉴历史、服务学校、着眼未来的档案理念，围绕创全国一流本科大学，建中国式的小常青藤大学的目标，创造性地开展档案工作。不断提升档案服务教学、科研、行政的能力。

现根据校情制定出具有宏观性、战略性、前瞻性、操作性的档案工作规划，使其成为指导我校"十三五"时期档案工作发展的行动纲领，为实现我校"十三五"时期总体目标做出应有贡献。

二、总体目标

大力推进学校档案管理法制化、档案资源结构多元化和档案工作信息化进程。力争经过"十三五"期间建设，把四川大学锦江学院档案馆建设成馆舍先进、功能完善、馆藏丰富、管理规范、利用方便的档案信息服务中心。力争将我校档案馆建设成为四川省一流的独立学院档案馆。

三、"十二五"取得的成绩及存在的问题

（一）"十二五"取得的成绩

四川大学锦江学院成立于 2006 年，档案工作起步于 2013 年。档案作为

学校重要信息资源和学校记忆，是学校发展的宝贵财富。在学校董事会、党政领导高度重视和全力支持下，学校档案工作取得了良好成效。

为了使学校档案管理工作逐步走向制度化、标准化、规范化、数字化，依据《中华人民共和国档案法》和教育部、四川省档案局等有关法规，按照高校标准，结合独立学院实际，从宏观、原则、机构、管理体制、管理网络等方面制定了以《四川大学锦江学院档案管理办法》为指导的一系列档案管理规章制度和实施细则。几年来学校档案建设工作不断加强，全校档案工作有序开展，档案综合管理水平稳步提升。学校档案行政监督的管理职能进一步加强。

1. 建立了全校档案管理工作机构和档案工作组织体系。明确了档案工作的领导机制，设置了专门管理机构，形成了以档案部门为核心的档案工作网络体系。此外，学校还将档案工作纳入了学校学年综合考评工作。完善了档案管理工作职责，从制度上确保了档案及时安全归档。

2. 加强了档案工作的条件保障。学校专门为档案馆购置了档案管理所需的计算机、服务器、档案管理软件"南大之星"、缝纫机、高速扫描仪、彩色打印机、档案装具、智能密集架、档案管理库房等软硬件设备设施。

3. 加强了档案人员的培训、指导，提高了专兼职档案人员的素质。档案管理部门定期到各部门对部门归档工作进行检查和业务指导，从而保证了学校档案工作正常开展。

4. 加强了档案信息数据库建设，全文数据库建设逐步升级。数据库现已收录数字档案40000余份。进一步提高了档案管理的信息化水平。

5. 强化监管，确保档案安全工作万无一失，全面落实各项防范措施，通过制度化、规范化、常态化的档案安全管理，增强工作人员档案安全意识，严格遵守保密制度，加大对库房温湿度的监测和调控，定期清查库房档案，做好了防鼠、防虫、防潮、防水、防盗等工作，确保馆藏档案实体安全。加强档案数字化等工作中的安全保密工作及档案数据的异地备份工作。

（二）存在的问题

我校档案工作起步晚、见效快，取得了较好的成绩，但是也存在一些问题。主要表现在：

1. 有的单位档案观念较弱。主要表现为对档案归档工作不够重视，归档门类不齐全，档案内容缺失，重要档案材料未能按时移交等。

2. 我校档案载体较为单一。馆藏结构呈现出"一多三少"的特点。"一多"指的是纸质档案多，主要是文书、教学档案比较齐全。"三少"：一是实物档案少，尤其是荣誉性、纪念性实物馆藏少；二是声像档案少；三是建校初期的档案少。

（三）主要原因

1. 由于档案的作用滞后，个别单位对档案工作的重要性认识不足。

2. 由于档案工作起步晚，专兼职档案人员流动较大，造成实物档案、声像档案散佚。

四、发展措施

（一）打造一支过硬的专兼职档案管理员队伍

明确岗位责任，加大业务培训力度，建设一支爱岗敬业、富有创新精神的专职档案员队伍。建设好兼职档案管理网络。建立培训考核和表彰处罚机制，不断提高各单位分管档案领导的档案意识和兼职档案员的业务素质，建设一支热爱档案事业，责任心强，执行有力的兼职档案员队伍。

（二）加强档案工作的宣传力度

大力宣传档案法规，强化全校师生员工档案意识，做到档案工作"三纳入、四同步"。坚持档案为学校教学科研管理服务、为学校内涵建设服务。

（三）扩大档案收集范围，改善档案收藏结构

在"十三五"期间，夯实档案基础业务，加强档案收集指导工作，注重校史档案收集。结合实际需求，加强对学院有重要参考及凭证价值档案和重大活动、重大事件、重点工程等档案的收集；加强特色珍贵档案建设，有重点、有计划地征集散失在各单位和个人手上的珍贵档案；加大对实物档案和声像档案、照片档案等多媒体特色档案的收集归档工作，丰富校史馆藏。提高档案的利用率，更好地维护档案资源的真实价值和信誉，服务教学科研，服务师生员工。

五、档案事业"十三五"项目

1. 完成建校以来的文书、教学档案的收集整理和数字化工作。收集和整理建校以来的实物档案及声像档案资料。

2. 完善档案管理配套设施，建设一个集"档案、校史展览"于一体的档案馆。

3. 推进档案信息化建设，使办公自动化系统与档案数据库对接，实现在线实时接受电子文件，实现数据无缝连接。使我校永久、长期保存的档案基本上实现全文数字化。

4. 创建四川省档案工作规范化管理单位。

5. 力争经过"十三五"期间的建设，把四川大学锦江学院档案馆建设成馆舍先进、功能完善、馆藏丰富、管理规范、利用方便的档案信息服务中心。

西南财经大学天府学院档案工作"十三五"规划

　　档案工作是学校管理工作中的一项基础性工作，是学校教学、科研、学生管理、后勤服务等各项工作活动的真实记录，是学校在各个时期建设发展的重要见证，更是学校的重要资源和无形资产。"互联网＋"时代的到来，为学校的教育教学质量和办学水平的提升带来了新的机遇和挑战，在此背景下，学校提出了信息化和国际化两大发展战略，全面启动职业教育体系建设工作，逐步形成"学历教育、国际教育、职业教育"三足鼎立的发展态势，不断丰富"把我校办成一流本科应用创新型大学"的内涵。在新形势下，学校档案工作必须紧紧围绕和服务于学校改革创新、跨越式发展的大局，必须完整、准确、系统地记录这一重要历史时期各项工作的发展过程。要着力规范档案管理，以创建档案工作规范化管理单位为契机，不断提升我校档案工作的服务能力和水平；要着力建设档案文化，以夯实档案资源建设为基础，深度开发档案资源，挖掘档案文化内涵，创造档案文化精品，服务学校发展；要着力加快信息化建设，将档案信息化建设纳入学校信息化建设总体方案，将档案信息管理平台建设与数据中心建设紧密结合、无缝对接，努力建设数字化档案馆（室）。同时，将档案工作纳入学校"十三五"发展规划，使档案工作"十三五"规划有政策支持，有物力、财力和人力的保障。这样才能更好地为学校改革创新、管理活动和人才培养提供支撑与服务。

一、"十二五"期间学校档案工作的主要成绩

　　西南财经大学天府学院是经教育部（教发函〔2006〕81号）批准，充分信托西南财经大学90多年的优良教育品牌，秉承高规格、高起点的办学理念而设立的独立学院。学校以"一个头脑（创新思维），两个工具（英语和信息技术），三个习惯（自信、自律、自学），四项品质（忠孝、廉耻、诚信、勤奋）"为人才培养目标，率先实现教育模式国际化、教学手段信息化、

教学语言双语（汉语、英语）化；学校大力推行以雅典式、案例式、体验式、项目驱动式等为主要方法的课堂教学改革，着力培养学生的实践能力、创新能力和思维能力；学校在校园内大力营造"小社会、大课堂"的全面育人环境，提倡赏识教育和"关爱心灵，历练心志"的积极人生心态，广泛开展大学生职业生涯规划等一系列综合素质拓展活动。经过十年创业、积淀、改革，学校在努力建设全国一流本科独立学院的道路上一步一个脚印地不断奋勇前进。学校档案工作于 2008 年正式启动，并在 2015 年取得了阶段性的成绩，在学校各级领导的关心和支持下，在学校办公室的积极推动下，取得了长足的进展，主要表现如下：

1. 档案工作标准化建设顺利推进，档案管理规章体系初步形成。学校颁布了《档案管理办法》《各类档案归档范围与保管期限表》《档案实体分类和档案号编制方案》等相关规章制度。

2. 全校档案工作网络体系建成。学校档案工作以学校办公室为牵头部门，在各职能部门的积极配合下，确定了 20 名兼职档案员负责本部门的归档文件材料收集、整理工作。

3. 提高档案意识，加强业务培训。通过认真学习《关于进一步加强和改进新形势下档案工作的实施意见》（川委办【2015】2 号），提高依法治档、依法管档的档案意识。一方面，全面提升全体教职工的档案意识和校内各部门收集、整理、积累、移交档案的责任感；另一方面，加强档案工作人员的业务培训，学校办公室定期组织举办了不同形式的档案专、兼职工作人员的业务培训班，提高档案人员的业务素质。

4. 档案管理所需的硬件设施基本完善。档案工作用房 180 平方米，档案密集 1 组 5 层的 10 列 6 组、1 组 6 层的 9 列 3 组，档案装订机 1 台，档案库配有档案保管标准温、湿度相适的空调、除湿机等。

5. 以学校"OA"协同办公系统为载体，建立统一的数字化的档案信息资源管理与利用平台，实现了档案信息的网络管理与利用。

6. 随着收集、整理 2015 年度归档文件材料工作在学校各部门展开，全面收集、整理 2006 年建校以来分散存放在各部门的应归档文件材料也在有序进行。截至 2015 年 12 月底，收集、整理归档文件材料 1500 余件，数字档案 30 余万字。

二、当前学校档案工作存在的主要问题

经过多年的努力，已经为"十三五"档案工作的发展奠定了良好基础。但是，与学校的整体发展态势相比，还存在着一些亟待改善的问题。主要表现在：

1. 学校档案工作的体制和机制还不完全适应学校创新、发展、管理活动和人才培养等工作快速发展的要求。对于档案工作提质增效存在一定的制约。

2. 档案人员配备不尽合理、业务素质参差不齐、岗位变动频繁、职业发展空间狭小，建立一支稳定的学校档案管理队伍建设仍需大力加强。

3. 广大教职工的档案意识有待进一步提高。一方面，各部门在急于解决面临的各种工作问题时，往往忽略了档案的收集、积累、移交；另一方面，面对学校"OA"协同办公系统和现代网络技术的优势，没有意识或者说是不够重视数字档案信息的有序化永久性管理与利用是建设完整、准确的学校档案数字资源的最大隐患。

三、学校档案工作"十三五"的发展目标

（一）指导思想

根据学校创办一流本科应用创新型大学的发展战略目标，结合国家档案局关于"确保档案安全、加快业务创新、狠抓基础建设、激发队伍活力"的总体要求，以工作机制建设为基础，以管理队伍建设为保障，以基础业务建设为根本，以信息化建设为抓手，以利用体系建设为核心，努力建设工作机制科学、人员结构合理、基础业务规范、管理手段先进、利用方式便捷的档案管理工作体系，全面提升学校档案工作水平与服务能力，有力支撑学校各项事业的稳步发展。

（二）发展目标

力争在"十三五"末，学校档案工作初步形成"五化"格局，即档案工作机制合理化、档案管理队伍职业化、档案基础业务标准化、档案资源管理信息化、档案利用服务便捷化。

1. 档案工作机制合理化

通过档案工作运行机制的改革创新和不断完善，构建合理高效的档案工

作体系，建立组织完善、职责明确、运行顺畅的档案工作网络，为学校档案工作高效、持续发展奠定基础。

2. 档案管理队伍职业化

进一步完善档案人员评价考核体系，加强档案工作业务培训和专业研究，培养一支职业素养强、适应学校发展的档案管理队伍。力争在 2020 年前，完成 80％的学校档案人员（含以档案工作为主的兼职人员）轮训，档案管理人员持证上岗比例达到 70％。

3. 档案基础业务标准化

制定和修订学校档案工作标准和各类档案建档规范，加强标准与规范的贯彻执行力度，实现学校档案工作各环节有序和规范的运作。稳步推进学校建校以来归档文件材料、收集、整理、归档工作，到 2020 年实现学校档案工作成为一级达标单位。

4. 档案资源管理信息化

以"南大之星"综合档案管理系统为技术支撑，建设完整、准确的档案信息资源基础，到 2020 年，基本建成学校综合档案资源管理信息化平台。实现纸质档案材料和电子档案材料同步归档的同时，各部门电子文件的直接归档率达到 100％，学校档案数字化达到 80％。

5. 档案利用服务便捷化

在确保档案安全保密管理的前提下，依托学校综合档案资源管理信息化平台，到 2020 年，基本实现学校建校以来可开放档案目录和档案图像数据的在线查询、浏览与下载，为广大师生和校友提供方便快捷的服务。

四、"十三五"期间主要任务

（一）完善档案工作运行机制

在学校党政领导班子的统一领导下，形成学校各部门共同参与档案工作的整体运行机制，积极探索新形势下学校各部门良性互动、界面清晰、接口顺畅的档案工作运行机制，形成各级领导高度重视、各类人员归档意识增强、各种档案门类齐全、档案人员结构相对稳定的全校档案工作发展环境。

学校办公室作为档案工作的业务中心，要切实履行对各种门类档案（文书档案、教学档案、科研档案等 10 类）的业务指导、监督检查、高效服务等管理职能。

（二）建立档案人员评价考核和培训体系

学校结合各部门的实际情况，完善对各部门兼职档案员的评价考核体系。进一步加强档案工作业务培训，积极探索并推行档案人员持证上岗制度，特别是非档案专业的档案工作人员的上岗培训与考核，不断提高档案人员的业务素质。

（三）健全档案工作标准与规范

按照"确保档案安全、加快业务创新、狠抓基础建设、激发队伍活力"的总体要求，认真梳理、分析和总结学校已有档案工作的标准和各类档案建档规范，根据国家档案局的相关规定，特别是信息化环境下档案工作的新特点，健全和完善学校各门类档案管理的制度、标准和规范。完善、修订学校质量体系中档案工作质量程序文件、作业指导书和质量记录模版。

（四）建成学校综合档案资源管理信息化平台

依托学校"OA"协同办公系统，以"南大之星"综合档案管理系统为平台，建设完整、准确的档案信息资源基础，整合数字资源，建立"格式统一、数据规范、长期可读"的档案目录数据与图像数库，努力实现档案信息管理平台与学校的数据中心之间的数据共享、资源共用。探索声像档案（照片、视频）的整理、鉴定和数字化的业务标准和规范，力争完成学校声像档案数据库和管理系统的建设。

（五）落实档案安全保密措施

按照档案实体保管的要求，严格执行档案安全和保密管理制度，完善档案库房安全设施，确保档案实体安全；加强学校综合档案资源管理信息化平台的安全防护与维护，严格执行信息安全和保密规定，做好数字化档案数据的异地异质备份，提高容灾及灾备能力，确保档案信息与数据安全。

（六）完善全校档案利用体系

依托综合档案资源管理信息化平台，充分发挥学校办公室作为档案管理牵头部门的中心和关键作用，建立信息化环境下的档案利用制度，简化档案利用程序，提高档案利用效率与水平。加快整合全校归档的档案资源，依法向全校开放档案实体，逐步实现面向学校各级各类人员的学校数字化档案信息的远程共享与在线利用。

（七）提升档案资源的服务水平

努力增强档案资源的开发能力与服务能力，加大档案资源开发利用的深度和广度，加强档案编研工作，开发、提炼档案信息产品，挖掘档案文化内涵，创造档案文化精品，服务学校发展，充分发挥档案这一无形资产的重要价值，为学校管理、人才培养、科学研究等工作提供多层次、全方位的档案信息服务。

五、保障措施

（一）加强组织领导

逐步建立健全档案工作领导责任制，明确各部门档案工作主管领导和主体责任，并将档案工作列入各部门工作计划，从人、财、物等方面给予支持和保障，使档案工作与其他各项工作同步协调发展。

（二）完善档案工作考核评估

积极探索档案管理工作的评估考核办法，将档案管理工作逐步纳入对各部门的评估与绩效考核体系中。

（三）推进规划任务的实施

组织制定本规划中主要任务的实施方案，落实人、财、物等资源保障，明确各项工作的责任部门、进度安排、考核标准、验收方式，确保规划提出的各项任务按时、保质完成。

后 记

　　四川省高校档案工作"十三五"规划，是贯彻落实中共中央办公厅、国务院办公厅《关于加强和改进新形势下档案工作的意见》，中共四川省委办公厅、四川省人民政府办公厅《关于进一步加强和改进新形势下档案工作的实施意见》的第一个五年规划，也是贯彻落实《国家中长期教育改革和发展规划纲要（2010−2020年)》最为关键的五年规划。科学编制和实施好高校档案工作"十三五"规划，对加强和改进高等学校档案工作，完善高等学校档案工作体制机制建设，创新高等学校档案工作规范管理，推动全省档案事业科学发展具有重要意义。

　　按照《四川省档案局办公室关于报送全省高校档案工作"十三五"规划的通知》（川档办发〔2016〕1号）中"精心谋划，科学编制高校档案工作'十三五'规划""主动融入，促进档案工作与高校各项事业同步协调发展"的要求，全省各高等学校结合自身实际，认真开展了档案工作"十三五"规划编制工作。2016年6月3日，在"国际档案日"前夕，由四川省高等学校档案工作协会主办的四川省高等学校档案工作"十三五"发展论坛在四川师范大学举行。四川师范大学副校长祁晓玲教授、四川省档案局经济科技档案业务指导处副处长王晓春、四川省高等学校档案工作协会理事长党跃武教授和全省近四十所高校及四川师范大学档案工作者一百余人参加论坛。四川师范大学副校长祁晓玲教授致欢迎词，四川省档案局经济科技档案业务指导处副处长王晓春代表四川省档案局周书生副局长讲话，四川省高等学校档案工作协会理事长党跃武教授代表协会发布《四川省高等学校档案工作发展报告（2015）》，西南财经大学、成都大学、西昌学院、四川大学锦江学院、成都航空职业技术学院、四川师范大学等高校代表作高等学校档案工作"十三五"规划编制经验交流。

现将本次论坛上交流的全省各有关高等学校档案工作"十三五"发展规划汇编成册，供广大档案工作者学习和参考。

编　者

2016 年 7 月